öbv

Das ist Mathematik 2

Arbeitsheft

Univ.-Prof. Mag. Dr. Hans Humenberger (Hrsg.)
Hofrat Mag. Dr. Dieter Litschauer
OStR Prof. Mag. Herbert Groß
LSI Prof. Mag. Vera Aue

Arbeitsheft und Lösungsheft

Die Kapitel des Arbeitsheftes greifen die Themen und die Struktur deines Mathematikbuches auf, sind aber etwas einfacher gehalten. Wir haben viele schöne und abwechslungsreiche Aufgaben zusammengestellt, die dir beim Lernen weiterhelfen sollen. Es gibt auch kleine Rätsel zur Auflockerung. Manchmal ist bereits ein Aufgabenteil in färbiger Schrift gelöst, damit du siehst, wie die Aufgabe gemeint ist. Schreibe deine Antworten auf die vorgegebene Linie oder in das Kästchen! Bei einigen Aufgaben brauchst du einen Zettel für Nebenrechnungen. Die Lösungen aller Aufgaben findest du im Lösungsheft, das du aus der Heftmitte heraustrennen kannst. Überprüfe deine Lösungen immer auch mit dem Lösungsheft, nicht nur mit den Rätseln!

Merkenswertes

Am Ende jedes Abschnittes gibt es eine Seite mit wichtigen Regeln und Begriffen. Auch diese Blätter sollst du bearbeiten! Das hilft dir dabei, dir die Theorie besser zu merken. Du kannst diese Seiten später auch zum Nachschlagen verwenden. Mit dem Rätsel kannst du deine Antworten gleich überprüfen.

Testseiten

Auf der ersten Seite des Arbeitsheftes kannst du mit dem **Einstiegstest** überprüfen, was du vom bisher erlernten Lehrstoff behalten hast. Auf den letzten Seiten findest du zwei jeweils doppelseitige **Abschlusstests**, mit denen du das in diesem Schuljahr neu erworbene Wissen testen kannst.
Wenn du dein Können in einem bestimmten Kapitel überprüfen willst, bearbeite am besten die Wissensstraße in deinem Lehrbuch.
Tipp: Wenn du etwas nicht mehr weißt, schlage zB bei **„Merkenswertes"** nach.

Bildungsstandards

Die Bildungsstandards, jenes Wissen und Können, das du bis zur 8. Schulstufe erwerben sollst, werden durch Kompetenzen beschrieben.
Welcher Kompetenzbereich bei einer Aufgabe benötigt wird, zeigt dir die graue Markierung neben der Aufgabennummer. Dabei heißt H1 Darstellen – Modellbilden, H2 Rechnen – Konstruieren, H3 Interpretieren und H4 Begründen. Achte darauf, dass du alle vier Bereiche übst!
Obwohl bei jeder Aufgabe nur jeweils ein Handlungsbereich angeführt ist, wären – je nach Sichtweise und Schwerpunktsetzung – oft auch Mehrfachnennungen möglich. In der Auflistung der Aufgaben auf Seite 16 im Lösungsteil sind daher manchmal zwei Handlungsbereiche angegeben (zB H13).

I 1 H 1 **1** Die UPC-Arena in Graz-Liebenau fasst 15 400 Personen.
Ein Meisterschaftsspiel des SK Sturm haben besucht:
8 735 Erwachsene 1 928 Jugendliche 634 Kinder

Eintrittspreise	
Erwachsene	28 €
Jugendliche	10 €
Kinder	5 €

1) Bei diesem Fußballspiel waren ____________ Personen.

2) ______________ Eintrittskarten wurden nicht verkauft.

3) Die Gesamteinnahmen betrugen ____________ €.

I 4 H 2 **2** In die 2B-Klasse gehen 24 Schülerinnen und Schüler. Durchschnittlich bekommen die Kinder 5 € Taschengeld im Monat. Die 8 Mädchen bekommen durchschnittlich 6 € im Monat.

Die ________ Buben bekommen im Mittel ________ € im Monat.

I 1 H 1 **3** In der rechten Figur soll der gleiche Bruchteil markiert werden wie in der linken markiert ist.

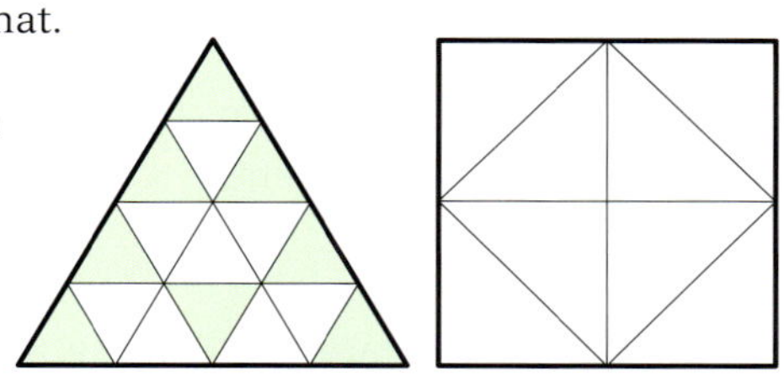

I 1 H 2 **4** Berechne!

a) $4{,}2 + 3{,}5 \cdot 2{,}8 - 2{,}1 =$

$(4{,}2 + 3{,}5) \cdot (2{,}8 - 2{,}1) =$

$4{,}2 + 3{,}5 \cdot (2{,}8 - 2{,}1) =$

b) $44{,}2 - 3{,}4 \cdot 1{,}8 + 5{,}3 =$

$(44{,}2 - 3{,}4) \cdot (1{,}8 + 5{,}3) =$

$44{,}2 - 3{,}4 \cdot (1{,}8 + 5{,}3) =$

I 1 H 1 **5** Herr Zwirn ist Einkäufer einer Kleiderfabrik. Für einen Anzug braucht man 3,40 m Stoff, für eine Hose 1,65 m Stoff.

a) Es sollen 80 Anzüge und 190 Hosen angefertigt werden.

Herr Zwirn muss _______ m Stoff bestellen.

b) Herr Zwirn bekommt sehr günstig 400 m Stoff angeboten.

Aus 400 m Stoff können __________ Anzüge geschneidert werden.

I 2 H 2 **6** **a)** Löse die Gleichungen!

$x - 35 = 72$ $x =$ $17 + y = 54$ $y =$ $b : 7 = 10$ $b =$

b) Schreibe den Text in Form einer Gleichung und löse diese!
Welche Zahl muss man um 56 vermindern, um 29 zu erhalten? ______________________________

I 3 H 2 **7** Verwende die nebenstehende Abbildung eines Grundstücks zur Berechnung der folgenden Aufgaben!

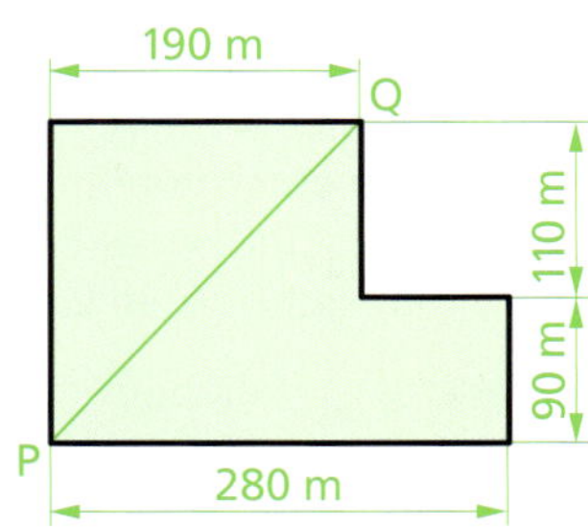

a) Wie groß ist der Umfang des Grundstücks? u =

b) Wie groß ist der Flächeninhalt des Grundstücks? A =

c) Zeichne einen Plan des Grundstücks im Maßstab 1 : 2000!

d) Wie lang ist die Strecke PQ in der Wirklichkeit? $\overline{PQ} =$

I 3 H 2 **8** Konstruiere das Netz eines Quaders mit den Kantenlängen a = 4,3 cm, b = 2,6 cm und c = 1,8 cm auf einem Blatt Papier!

I 3 H 1 **9** Ein quaderförmiges Wasserbecken ist 20,0 m lang, 4,5 m breit und 1,2 m hoch.

a) Boden und Wände werden mit quadratischen Fliesen (Kantenlänge 40 cm) ausgekleidet.

Man braucht mindestens __________ Fliesen (ohne Fugen).

b) Wenn das Becken mit 100 m^3 Wasser gefüllt wurde, steht das Wasser ungefähr __________ hoch.

H 4 **1** Karin und ihre Mutter betrachten rote, gelbe und blaue Blumen im Garten. Über Nacht sind 16 aufgeblüht. Die Mutter bittet Karin, drei von ihnen zu pflücken. Für die Mutter ist klar, dass Karin mindestens eine rote Blume pflücken wird.

Warum? ______________________________

H 4 **2** 100 Gäste wurden in einem Restaurant danach befragt, ob sie Kaffee, Tee oder sowohl Kaffee als auch Tee trinken.
Das Ergebnis der Befragung lautet: 76 Personen trinken Kaffee, 69 Personen trinken Tee und 46 Personen trinken Kaffee und Tee.
Der Chef des Restaurants weist das Ergebnis der Befragung zurück, weil er die Zahlenangaben fehlerhaft findet.

Warum? ______________________________

H 3 **3** Auf einem Tisch liegen drei Bananen. Zwei Mütter und zwei Töchter teilen sich diese so, dass jede von ihnen eine Banane bekommt.

Wie ist das möglich? ______________________________

H 3 **4** Wie kann man aus einer Schüssel mit Eiern die Hälfte und ein halbes Ei entnehmen, ohne ein Ei zerbrechen zu müssen?

____

H 2 **5**

a) Mit welcher Zahl wurde multipliziert?

0,025 · ____ = 2,5
3,14 · ____ = 0,314
28,7 · ____ = 0,287

b) Durch welche Zahl wurde dividiert?

38,1 : ____ = 0,381
2,17 : ____ = 21,7
0,54 : ____ = 540

H 2 **6** Überprüfe die Rechnungen und korrigiere die Fehler! Sind deine Antworten richtig, ergeben die Buchstaben von oben nach unten gelesen einen Ort in Österreich.

		richtig	falsch	Korrektur
A	5,7 + 3,17 + 0,5 + 12,25 = 21,62	W	K	
B	43,08 – 2,4 – 12,09 – 0,37 = 28,22	E	A	
C	0,7 · 3,8 · 0,1 = 2,66	E	L	
D	25,76 : 9,2 : 0,8 = 2,24	R	S	

Lösungswort: __ __ __ __

H 4 **7** 7 Freundinnen kommen regelmäßig in einem Restaurant zu einem guten Essen zusammen, um den Geburtstag einer von ihnen zu feiern. Sie beschließen, die Gesamtkosten gleichmäßig unter den Nicht-Geburtstagskindern aufzuteilen und das Geburtstagskind jeweils einzuladen. An einem Abend betragen die Gesamtkosten 210 €.

1) Jede der restlichen 6 Damen zahlt daher ________ €.

2) Eines Tages haben zwei von ihnen Geburtstag. Die restlichen fünf teilen sich daher die Gesamtkosten, die wieder 210 € betragen.

Jedes der Nicht-Geburtstagskinder zahlt also ________ €.

3) An diesem Abend entbrennt aber eine Diskussion unter den Damen. Denn eigentlich müsste das eine Geburtstagskind für das andere und umgekehrt auch einen Beitrag zahlen. Mache einen Vorschlag, wie dieses Problem gerecht gelöst werden kann und begründe diesen!

____
____
____

H 2 **8** Sechs Angestellte vergleichen ihre Monatsgehälter mit dem Mittelwert ____________ € ihrer Gehälter. Gib an, ob das jeweilige Gehalt größer oder kleiner als der Mittelwert ist!

Gehalt	größer	kleiner	Gehalt	größer	kleiner	Gehalt	größer	kleiner
1 598,37 €			1 686,17 €			2 064,16 €		
1 627,32 €			1 803,94 €			2 195,48 €		

H 2 **9** Frau Erbler wohnt in Linz und fährt wiederholt zu Konferenzen nach Wien. Sie hat die letzten 12 Fahrzeiten notiert: 2 h 08 min; 1 h 50 min; 1 h 55 min; 2 h 10 min; 1 h 54 min; 2 h 17 min; 2 h 21 min; 2 h 04 min; 1 h 48 min; 2 h 16 min; 2 h 19 min; 2 h 10 min

1) Ihre durchschnittliche Fahrzeit betrug ________ h ________ min.

2) Wenn sie um 8:45 Uhr in Linz weggefahren ist und die Durchschnittszeit braucht, kommt sie um ____________ Uhr in Wien an.

3) Wie viel Zeit sollte sie einplanen, damit sie auf alle Fälle pünktlich in Wien ist?

☐ 1 h 50 min ☐ 2 h ☐ 2 h 10 min ☐ 2 h 20 min ☐ 2 h 30 min

H 3 **10** In dem folgenden Säulendiagramm sind die in den Jahren 1976 bis 2009 bei Verkehrsunfällen tödlich verunglückten Verkehrsteilnehmerinnen und Verkehrsteilnehmer dargestellt.

1) Lies die jeweilige Anzahl der Verkehrstoten möglichst genau ab und trage sie in die Tabelle ein!

2) Wie beurteilst du die Entwicklung? ______________________________

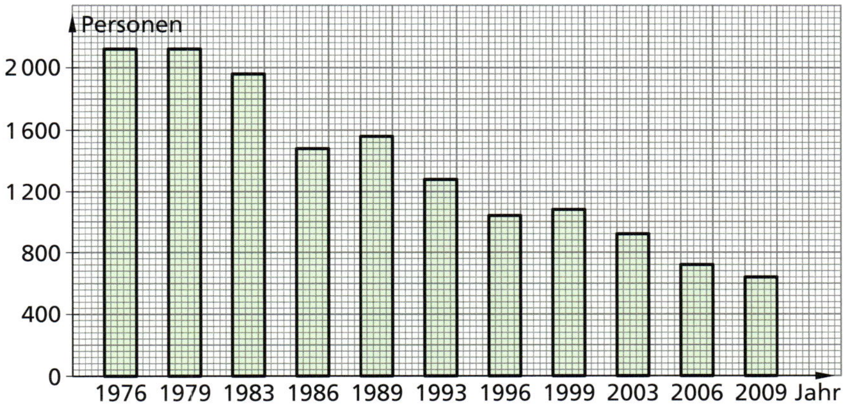

Jahr	Unfalltote
1976	
1979	
1983	
1986	
1989	
1993	
1996	
1999	
2003	
2006	
2009	

H 1 **11** In der Tabelle sind die im Jahr 2009 bei Verkehrsunfällen verletzten Kinder (0–14 Jahre) dargestellt.

1) Runde die Anzahl auf Zehner und stelle sie im Säulendiagramm möglichst genau dar!

2) In welchem Bundesland gab es die meisten verletzten Kinder? In welchem die wenigsten? Markiere sie!

3) Ist im Bundesland mit den wenigsten verletzten Kindern die Verkehrssicherheit am größten?

Begründe! ____

Bundesland	verletzt	gerundet
Burgenland	62	
Kärnten	258	
Niederösterreich	514	
Oberösterreich	695	
Salzburg	237	
Steiermark	420	
Tirol	358	
Vorarlberg	187	
Wien	451	

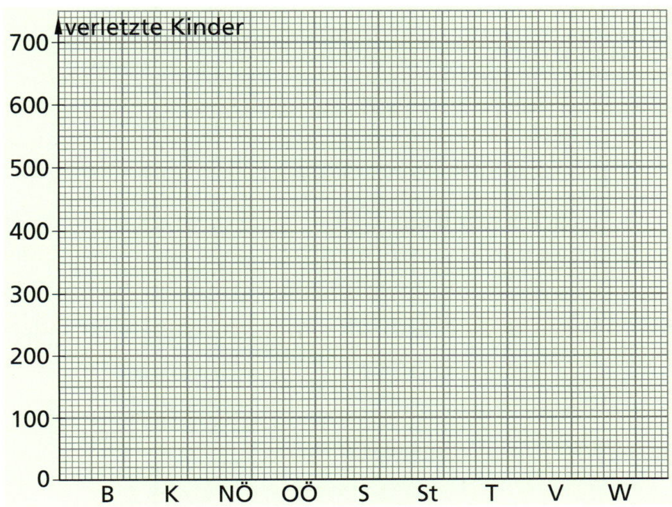

H 2 **1** Du kannst die Teiler einer Zahl, zB von 360 finden, indem du alle Paare natürlicher Zahlen suchst, deren Produkt 360 ist (zB: $1 \cdot 360 = 360$, $2 \cdot 180 = 360$ …). Welche Zahlen sind das? Schreibe die Teilermenge T_{360} auf!

$T_{360} = \{$ $\}$

H 2 **2** **a)** Wie lautet die Teilermenge T_{72}?

$T_{72} = \{$ $\}$

b) Wie lautet die Menge aller Vielfachen von 13, die kleiner als 100 sind?

$V_{13} = \{$ $\}$

H 3 **3** **1)** Wie lautet das Produkt? $7 \cdot 11 \cdot 13 =$

2) Dieses Produkt ist daher durch ______________________ teilbar.

3) Multipliziere dieses Produkt mit einer beliebigen 3-stelligen Zahl! Was bemerkst du? Weißt du eine Erklärung dafür?

____

H 2 **4** **1)** Bestimme alle Teiler von 496!

$T_{496} = \{$ $\}$

2) Addiere alle diese Teiler (ohne 496 selbst)! Vergiss nicht auf den Teiler 1! 1 ist Teiler jeder Zahl.

Summe aller Teiler (außer 496): ____________

Wenn die Summe aller Teiler einer Zahl (ohne die Zahl selbst) wieder die Zahl ergibt, nennt man eine solche Zahl „vollkommen“.

H 1 **5** Ein Stapel von 52 Spielkarten wird gleichmäßig auf die Spieler und Spielerinnen aufgeteilt. Wie viele Personen können mitspielen, wenn alle Spielkarten gleichmäßig auf diese aufgeteilt werden sollen? Trage alle Möglichkeiten in die Tabelle ein!

Personen						
Spielkarten						

H 1 **6** Eine Musikkapelle besteht aus 42 Personen. Wie können sich die Musiker in Reihen aufstellen, wenn in jeder Reihe gleich viele Personen stehen sollen? Trage alle Möglichkeiten in die Tabelle ein!

Anzahl der Personen in einer Reihe								
Anzahl der Reihen								

H 2 **7** Markiere die Zahlen, die durch 3 teilbar sind, rot, die Zahlen, die durch 5 teilbar sind, blau und markiere die Zahlen, die sowohl durch 3 als auch durch 5 teilbar sind, grün!

236 425 504 513 725 735 812 831

H 2 **8** Welche Zahlen sind keine Teiler von 504? Kreuze an! Begründe deine Antwort!

☐ 1 ☐ 2 ☐ 3 ☐ 4 ☐ 5 ☐ 6 ☐ 7 ☐ 8 ☐ 9 ☐ 10 ☐ 11 ☐ 12

____

H 4 **9** Begründe, warum 7 247 nicht durch 3 teilbar ist! Verändere die Hunderterziffer so, dass die Zahl durch 3 teilbar wird! Gib alle Möglichkeiten an!

Begründung: ______________________________________

geänderte, durch 3 teilbare Zahlen: ____________________________

H 3 **10** Wähle zum Füllen der Lücken aus den angegebenen Wörtern und Zahlen die passenden aus! Die Buchstaben bei den **nicht** verwendeten Wörtern ergeben von oben nach unten gelesen das Lösungswort.

Eine Zahl ist	wenn
durch 2 teilbar,	an ihrer ________________ 0, 2, 4, 6 oder 8 steht.
durch 3 teilbar,	ihre ______________________ durch 3 teilbar ist.
durch 4 teilbar,	die aus ____________________________ gebildete Zahl durch 4 teilbar ist.
durch 5 teilbar,	an ihrer Einerstelle _______________ steht.
durch 6 teilbar,	sie durch _______________ teilbar ist.
durch 9 teilbar,	ihre Ziffernsumme durch ________ teilbar ist.
durch 10 teilbar,	an ihrer Einerstelle __________ steht.
durch 12 teilbar,	sie durch _______________ teilbar ist.

3 T | 3 und 4 A | Einerstelle O | Einerziffer E | 9 I | 0 H | 0 oder 5 W | 10 I | Zehnerstelle L | Zehner- und Einerstelle B | 2 und 3 K | 2 und 5 E | 2 und 6 R | Ziffernsumme N

Lösungswort: _ _ _ _ _ _

H 4 **11** **a)** Jede durch 6 teilbare Zahl ist auch durch 3 teilbar.

Begründung: ____

b) Zeige durch Anführen eines Gegenbeispiels, dass nicht jede durch 3 teilbare Zahl auch durch 6 teilbar sein muss! ____________________

H 4 **12** Lange Zeit wussten die Gelehrten nicht, was die Zahl 2 520 bedeutet, deren Schriftzug in einer Pyramide Ägyptens gefunden wurde. Mathematiker fanden es heraus: Sie ist die kleinste natürliche Zahl, die durch alle Zahlen von 1 bis 10 teilbar ist. Begründe diese Teilbarkeiten!

1 | 2 520, weil ____________________________

2 | 2 520, weil ____________________________

3 | 2 520, weil ____________________________

4 | 2 520, weil ____________________________

5 | 2 520, weil ____________________________

6 | 2 520, weil ____________________________

7 | 2 520, weil ____________________________

8 | 2 520, weil ____________________________

9 | 2 520, weil ____________________________

10 | 2 520, weil ____________________________

H 4 **13** Stelle fest, ob die Aussagen richtig oder falsch sind und begründe! Sind deine Antworten richtig, ergeben die Buchstaben von oben nach unten gelesen ein Gewässer.

	richtig	falsch	Begründung
2 | 215	☐ A	☐ S	
3 | 491	☐ R	☐ A	
4 | 196	☐ A	☐ L	
5 | 785	☐ L	☐ Z	
6 | 218	☐ S	☐ A	
9 | 430	☐ E	☐ C	
12 | 322	☐ E	☐ H	

Lösungswort: _ _ _ _ _ _ _

H 2 **14** Gib alle Zahlen zwischen 200 und 350 an, die **a)** durch 15, **b)** durch 12 teilbar sind!

a) durch 15 teilbar: ____

b) durch 12 teilbar: ____

H 2 **15** Welche ist die kleinste fünfstellige Zahl, die durch 18 teilbar ist?

☐ 9 990 ☐ 10 004 ☐ 10 008 ☐ 10 026 ☐ 10 030

H 2 **16** Zerlege in Primfaktoren!

a) 36 = c) 47 =

b) 39 = d) 128 =

H 2 **17** Die Zahl 3780 soll in Primfaktoren zerlegt werden. Welche der Primfaktorenzerlegungen ist richtig?

☐ 2 · 2 · 3 · 9 · 5 · 7 ☐ 2 · 2 · 3 · 3 · 5 · 5 · 7 ☐ 2 · 2 · 3 · 3 · 3 · 5 · 7

☐ 2 · 5 · 3 · 2 · 3 · 7 · 3 ☐ 7 · 5 · 3 · 3 · 3 · 2 · 2 ☐ 2 · 3 · 3 · 3 · 10 · 7

H 1 **18**

1) Markiere in der Tabelle alle Primzahlen, die kleiner als 100 sind, durch Einringeln!
2) Suche in der Tabelle die längste Serie von aufeinander folgenden Zahlen, die keine Primzahlen sind!

___

3) Primzahlen, die sich nur um zwei unterscheiden, nennt man „Primzahlzwillinge“. Wie lauten die Primzahlzwillinge, die kleiner als 100 sind?

___

___

1	2	3	4	5	6	7	8	9	10
11	12	13	14	15	16	17	18	19	20
21	22	23	24	25	26	27	28	29	30
31	32	33	34	35	36	37	38	39	40
41	42	43	44	45	46	47	48	49	50
51	52	53	54	55	56	57	58	59	60
61	62	63	64	65	66	67	68	69	70
71	72	73	74	75	76	77	78	79	80
81	82	83	84	85	86	87	88	89	90
91	92	93	94	95	96	97	98	99	100

H 4 **19** Ist 127 eine Primzahl? Überprüfe die Teilbarkeit von 127 durch die dir bekannten Primzahlen 2, 3, 5 … mittels der Teilbarkeitsregeln! Bis zu welcher Primzahl musst du untersuchen? Warum?

127 ist eine Primzahl: ☐ ja ☐ nein

Begründung: ___

H 2 **20** Ein Rechenschema zum Finden von möglichen Primzahlen stammt vom französischen Mathematiker Marin Mersenne (1588–1648) und sieht (vereinfacht) so aus:

zB: 2 · 2 – 1 = 4 – 1 = 3 .... Primzahl
2 · 2 · 2 – 1 = 8 – 1 = 7 .... Primzahl
2 · 2 · 2 · 2 – 1 = 16 – 1 = 15 ..... keine Primzahl (Weil die Anzahl der Zweier keine Primzahl ist.)

Nur wenn die Anzahl der Zweier eine Primzahl ist, kann die zugehörige Zahl eine Primzahl sein (muss aber nicht).

Finde mit Hilfe dieses Verfahrens eine weitere mögliche Primzahl: ___

H 4 **21** Welche Ziffern können zwei- oder mehrstellige Primzahlen an der Einerstelle **nicht** haben? Begründe!

☐ 0 ☐ 1 ☐ 2 ☐ 3 ☐ 4 ☐ 5 ☐ 6 ☐ 7 ☐ 8 ☐ 9

___

H 1 **22** Der deutsche Mathematiker Christian Goldbach (1690–1764) vermutete, dass jede gerade Zahl größer als 2 als Summe zweier Primzahlen geschrieben werden kann (zB: 42 = 37 + 5).
(Diese Vermutung ist bis heute weder bewiesen noch widerlegt worden.)
Überprüfe diese Aussage für alle geraden Zahlen bis 40!

4 =	12 =	20 =	28 =	36 =
6 =	14 =	22 =	30 =	38 =
8 =	16 =	24 =	32 =	40 =
10 =	18 =	26 =	34 =	

H 1 **23** Melanie sagt: Mein Bruder Florian ist 5 Jahre jünger als ich. Sein Alter ist eine Primzahl und mein Alter ist ein Vielfaches von 4. Nächstes Jahr ist mein Alter eine Primzahl und Florians Alter durch 6 teilbar!“

Melanie ist heute ___ Jahre alt und ihr Bruder Florian ___.

H 2 **24** **1)** Wie lautet die Teilermenge von 36, wie lautet die von 54?

$T_{36} = \{ \qquad \}$

$T_{54} = \{ \qquad \}$

2) Wie lautet die Menge der gemeinsamen Teiler von 36 und 54?

$T_{36} \cap T_{54} = \{ \qquad \}$

3) Wie lautet der größte gemeinsame Teiler von 36 und 54?

ggT(36,54) =

4) Zeichne ein Mengendiagramm zur Ermittlung der gemeinsamen Teiler dieser Zahlen!

H 1 **25** Ein 1,50 m langer und 1,20 m breiter Balkon soll mit quadratischen Fliesen belegt werden. Dabei sollen nur ganze Fliesen verwendet werden. Die Fugenbreite kannst du bei der Berechnung vernachlässigen.

Als Kantenlängen der Fliesen kommen in Frage: ____________________

H 1 **26** Ein Frachtcontainer hat eine Länge von 6,0 m, eine Breite von 2,4 m und eine Höhe von 2,8 m. Eine Firma überlegt, würfelförmige Schachteln zu entwickeln, die ohne Zwischenräume in Container mit diesen Maßen geschlichtet werden können.

Die größte mögliche Kantenlänge dieser Schachteln beträgt ________ dm.

H 2 **27** **1)** Gib alle Vielfachen von 12 und alle Vielfachen von 18 an, die kleiner als 100 sind!

$V_{12} = \{ \qquad \}$

$V_{18} = \{ \qquad \}$

2) Wie lautet die Menge der gemeinsamen Vielfachen von 12 und 18, die kleiner als 100 sind?

$V_{12} \cap V_{18} = \{ \qquad \}$

3) Wie lautet das kleinste gemeinsame Vielfache von 12 und 18?

kgV(12,18) =

4) Zeichne ein Mengendiagramm zur Ermittlung der gemeinsamen Vielfachen dieser Zahlen!

H 2 **28** Wie lauten der größte gemeinsame Teiler und das kleinste gemeinsame Vielfache von 8, 12 und 20?

ggT(8, 12, 20) =

kgV(8, 12, 20) =

H 1 **29** Vier Sherpas wohnen in Namsche Bazar (Nepal). Der erste kommt alle 2 Wochen, der zweite alle 3 Wochen, der dritte alle 4 Wochen und der vierte alle 6 Wochen von seinen Trekkingtouren nach Hause. Wann werden die Sherpas das erste Mal wieder in Namsche Bazar zusammenkommen? Kreuze an!

Nach ☐ 6 Wochen ☐ 8 Wochen ☐ 12 Wochen ☐ 18 Wochen ☐ 24 Wochen

H 1 **30** An einem Bahnhof kommen an Werktagen zwischen 7 Uhr und 9 Uhr sehr viele Menschen an. Daher ist man bemüht, den Fahrplan so zu gestalten, dass die Züge aus beiden Richtungen nicht gleichzeitig an diesem Bahnhof ankommen. Die Züge aus der einen Richtung haben ein Zugintervall von 8 min, gerechnet von 7:00 Uhr an, die Züge aus der anderen Richtung ein Intervall von 9 min, gerechnet von 7:01 Uhr an.
Gibt es trotzdem einen Zeitpunkt, wo in diesem Zeitraum Züge aus beiden Richtungen gleichzeitig ankommen?
Wenn ja, wann ist das der Fall?

Um ____________ Uhr kommen Züge aus beiden Richtungen gleichzeitig an.

Wähle zum Füllen der Lücken aus den rechts stehenden Wörtern die passenden aus!
Verbinde die Zahlen im Lösungsbild in der Reihenfolge der Lücken!

Teiler und Vielfache

Die Zahl t ist ____________ der Zahl a, wenn a durch t ohne ____________ teilbar ist.

Ist die Zahl t ein Teiler der Zahl a, dann ist a ein ____________ der Zahl t.

1 und a nennt man ____________ Teiler der Zahl a; die übrigen Teiler heißen ____________ Teiler von a.

Der ________ zweier oder mehrerer Zahlen teilt nicht nur jede dieser Zahlen, sondern er ist unter den gemeinsamen Teilern der ____________.

Das ________ zweier oder mehrerer Zahlen ist nicht nur Vielfaches jeder dieser Zahlen, sondern es ist unter den gemeinsamen Vielfachen das ____________.

Teilbarkeitsregeln

Ist die Zahl t Teiler zweier Zahlen a und b, dann ist t auch Teiler der ____________ a + b und der ____________ a – b dieser Zahlen.

Teilt die Zahl t die Zahl a, dann teilt t auch ____________ dieser Zahl a.

Ob eine Zahl durch 2, 5 oder 10 teilbar ist, ist nur von der ____________ abhängig.

Ob eine Zahl durch 3 oder 9 teilbar ist, ist nur von der ____________ abhängig.

Primzahlen

Natürliche Zahlen (> 1), die nur unechte Teiler haben, heißen ____________.

1 ist keine Primzahl.

Wenn eine Zahl auch echte Teiler hat, spricht man von einer ____________ Zahl.

Es gibt ____________ Primzahlen.

Jede Zahl ist als ________ von Primzahlen schreibbar und diese Primfaktorenzerlegung ist bis auf die Reihenfolge ____________.

- Differenz 1
- echte 9
- eindeutig 3
- Einerstelle 13
- endlich viele 5
- größte 12
- ggT 6
- kleinste 19
- jedes Vielfache 17
- kgV 20
- Primzahlen 4
- Produkt 8
- Rest 10
- Summe 14
- teilbar 21
- Teiler 11
- unechte 24
- unendlich viele 22
- Vielfaches 15
- Zahlen 7
- Zehnerstelle 16
- Zerlegung 18
- Ziffernsumme 2
- zusammengesetzten 23

H 1 **1** In den folgenden Darstellungen sind Bruchteile eines Ganzen färbig gekennzeichnet. Ordne diesen Bruchteilen die Bruchzahlen $\frac{6}{16}$, $\frac{8}{18}$, $\frac{1}{2}$ und $\frac{5}{8}$ zu!

H 1 **2** Teile den Kreis in gleich große Teile! Wie groß ist in diesen Fällen jeweils der Zentriwinkel α der einzelnen Kreisausschnitte?

a) 4 gleiche Teile **b)** 6 gleiche Teile **c)** 8 gleiche Teile

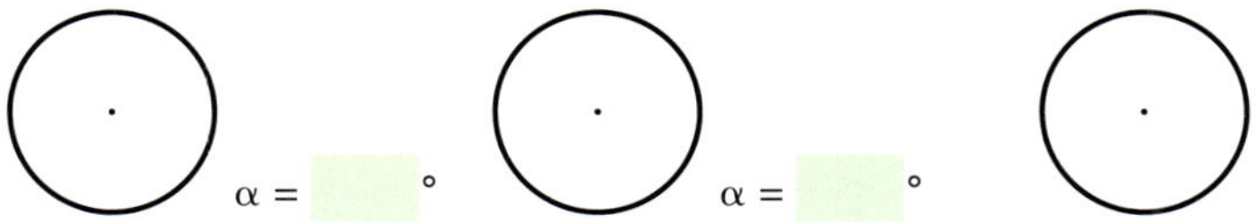

$\alpha =$ ___ ° $\alpha =$ ___ ° $\alpha =$ ___ °

H 1 **3** Stelle die Stammbrüche $\frac{1}{2}, \frac{1}{3}, \frac{1}{4}, \frac{1}{5}, \frac{1}{6}, \frac{1}{8}, \frac{1}{10}$ in einem Streckendiagramm dar!

Die Länge des Balkens für 1 ist 12 cm.

H 1 **4** Welche der Massenangaben rechts gehören zusammen?

$\frac{7}{10}$ kg	50 dag
$\frac{3}{4}$ kg	60 dag
$\frac{3}{5}$ kg	70 dag
$\frac{1}{2}$ kg	75 dag

H 1 **5** Schreibe die gemischte Zahl als Bruch!

$1\frac{2}{3} =$ ___ $2\frac{3}{4} =$ ___

$4\frac{1}{5} =$ ___ $7\frac{3}{8} =$ ___

H 1 **6** Ein Haus besteht aus dem Erdgeschoß und 5 Stockwerken. Karin muss in den 5. Stock gehen. Sie befindet sich gerade in der Mitte zwischen dem 3. und 4. Stockwerk.

1) Welchen Bruchteil der Treppenhöhe des Hauses hat Karin schon hinter sich? ____________

2) Welchen Bruchteil der Treppenhöhe des Hauses muss Karin noch steigen? ____________

H 2 **7**

Eine Tafel Schokolade besteht aus 24 Stücken.

1) $\frac{3}{4}$ dieser Schokolade bestehen aus ________ Stücken.

2) $\frac{5}{6}$ dieser Schokolade bestehen aus ________ Stücken.

3) $\frac{5}{8}$ dieser Schokolade bestehen aus ________ Stücken.

H 2 **8** **a)** $\frac{1}{4}$ von 20 km sind _____ km **b)** $\frac{3}{5}$ von 20 km sind _____ km **c)** $1\frac{1}{2}$ von 20 km sind _____ km

H 2 **9** **a)** 12 € sind $\frac{1}{3}$ von _____ € **b)** 12 € sind $\frac{2}{3}$ von _____ € **c)** 12 € sind $1\frac{1}{3}$ von _____ €

H 1 **10** Welche Dezimalzahl entspricht welchem Bruch?

$\frac{1}{2}$ = ___ $\frac{2}{3}$ = ___ $\frac{3}{4}$ = ___ $1\frac{1}{4}$ = ___ $\frac{3}{5}$ = ___

$\frac{2}{6}$ = ___ $\frac{3}{8}$ = ___ $\frac{7}{10}$ = ___ $1\frac{3}{10}$ = ___ $\frac{4}{20}$ = ___

0,2 | $0,\overline{3}$ | 0,375 | 0,5 | 0,6 | $0,\overline{6}$ | 0,7 | 0,75 | 1,25 | 1,3

H 1 **11** Schreibe in Bruchform!

0,4 = ___ 0,40 = ___ 0,04 = ___ 0,400 = ___ 0,040 = ___ 0,004 = ___

H 1 **12** Gib drei Brüche an, welche die angegebene Dezimalschreibweise haben!

a) 0,5 ______ **b)** 1,4 ______ **c)** 2 ______

H 1 **13** Wie lauten die Stammbrüche in Dezimalschreibweise?

Bruchform	$\frac{1}{2}$	$\frac{1}{3}$	$\frac{1}{4}$	$\frac{1}{5}$	$\frac{1}{6}$	$\frac{1}{7}$	$\frac{1}{8}$	$\frac{1}{9}$	$\frac{1}{10}$
Dezimalschreibweise									

Ordne diese, je nachdem, ob es sich um eine Dezimalzahl mit endlich vielen Stellen, um eine periodische oder um eine gemischt periodische Dezimalzahl handelt, und trage sie in die passende Spalte der folgenden Tabelle ein!

endlich	**periodisch**	**gemischt periodisch**

H 1 **14** Wähle jeweils den geeigneten Zahlenstrahl, um die folgenden Bruchzahlen darzustellen!

$\frac{3}{4}$ und $\frac{1}{2}$ $\frac{2}{3}$ und $\frac{5}{6}$ $\frac{1}{2}$ und $\frac{4}{5}$ $\frac{1}{3}$ und $\frac{1}{4}$

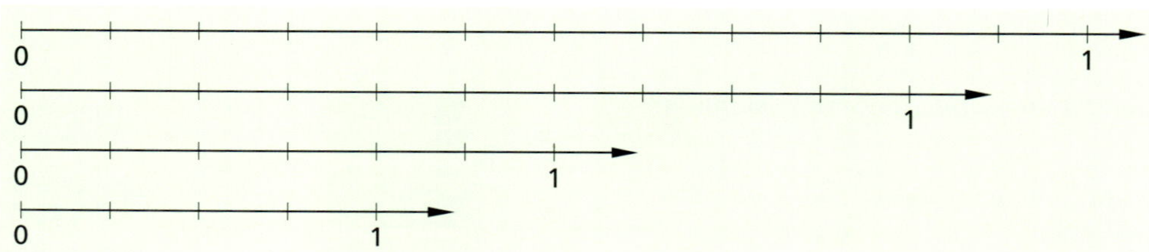

H 3 **15** Welche Bruchzahlen sind auf dem Zahlenstrahl durch Kreuze dargestellt?

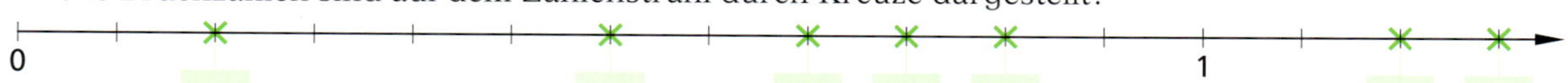

H 1 **16** Unter den folgenden Zahlen stellen fünf dieselbe Bruchzahl dar. Welche sind das? Kreuze an!

☐ 0,3 ☐ $\frac{1}{3}$ ☐ $\frac{30}{100}$ ☐ $\frac{30}{10}$ ☐ 0,30 ☐ $\frac{3}{10}$ ☐ 0,03 ☐ $\frac{9}{12}$ ☐ $\frac{3}{27}$ ☐ $\frac{6}{20}$ ☐ $0,\overline{3}$

H 1 **17** Je eine grüne und eine graue Zahl haben denselben Wert. Finde die sechs Paare!

___ = ___ ___ = ___

___ = ___ ___ = ___

___ = ___ ___ = ___

grün	grau
0,35	$\frac{4}{3}$
$\frac{5}{4}$	$\frac{6}{16}$
$\frac{2}{5}$	1,25
$\frac{3}{8}$	$1\frac{3}{10}$
$\frac{12}{9}$	0,4
1,30	$\frac{35}{100}$

H 2 18 Erweitere so, dass die drei gegebenen Brüche **1)** den gleichen Zähler, **2)** den gleichen Nenner, **3)** einen möglichst kleinen, gleichen Nenner haben!

a) $\frac{1}{2}, \frac{2}{3}, \frac{3}{4}$ **1)** ______ **2)** ______ **3)** ______

b) $\frac{3}{4}, \frac{3}{5}, \frac{7}{10}$ **1)** ______ **2)** ______ **3)** ______

c) $\frac{4}{3}, \frac{1}{6}, \frac{5}{12}$ **1)** ______ **2)** ______ **3)** ______

H 2 19 Gib fünf Bruchzahlen an, die zwischen den gegebenen liegen!

a) $\frac{1}{5}$ ______ $\frac{3}{5}$ **b)** $\frac{1}{4}$ ______ $\frac{3}{8}$ **c)** $\frac{4}{9}$ ______ $\frac{4}{7}$

H 2 20 Welche Bruchzahl liegt genau in der Mitte zwischen den beiden Bruchzahlen? Kreuze an!

a) $\frac{6}{13}, \frac{12}{13}$ ☐ $\frac{8}{13}$ ☐ $\frac{9}{13}$ ☐ $\frac{10}{13}$

b) $\frac{2}{3}, \frac{4}{5}$ ☐ $\frac{11}{15}$ ☐ $\frac{12}{15}$ ☐ $\frac{13}{15}$

c) $\frac{3}{4}, \frac{7}{8}$ ☐ $\frac{12}{16}$ ☐ $\frac{13}{16}$ ☐ $\frac{14}{16}$

H 3 21 **1)** In welcher Teilaufgabe lassen sich die meisten Brüche kürzen? ______
Unterstreiche die Brüche, die du nicht kürzen kannst!
2) Kürze jeweils so weit wie möglich!

a) $\frac{18}{32}, \frac{14}{24}, \frac{27}{45}, \frac{17}{28}, \frac{25}{20}, \frac{36}{27}$ **b)** $\frac{22}{33}, \frac{14}{49}, \frac{42}{35}, \frac{38}{32}, \frac{39}{26}, \frac{54}{18}$ **c)** $\frac{21}{70}, \frac{48}{30}, \frac{84}{42}, \frac{28}{53}, \frac{100}{98}, \frac{35}{21}$

☐, ☐, ☐, ☐, ☐, ☐ ☐, ☐, ☐, ☐, ☐, ☐ ☐, ☐, ☐, ☐, ☐, ☐

H 2 22 Überprüfe, ob in **a)** richtig gekürzt bzw. in **b)** richtig erweitert wurde und korrigiere die Fehler!
Sind deine Antworten richtig, ergeben die Buchstaben von oben nach unten gelesen einen Vornamen.

a)

	richtig	falsch	Korrektur
$\frac{12}{18} = \frac{2}{6}$	☐ P	☐ K	
$\frac{18}{27} = \frac{2}{3}$	☐ A	☐ U	
$\frac{32}{36} = \frac{8}{12}$	☐ U	☐ R	
$\frac{15}{45} = \frac{1}{3}$	☐ L	☐ T	

Lösungswort: _ _ _ _

b)

	richtig	falsch	Korrektur
$\frac{4}{5} = \frac{12}{15}$	☐ A	☐ N	
$\frac{5}{8} = \frac{15}{24}$	☐ N	☐ I	
$\frac{5}{6} = \frac{10}{30}$	☐ K	☐ N	
$\frac{8}{12} = \frac{11}{36}$	☐ E	☐ A	

Lösungswort: _ _ _ _

H 2 23 Bei den folgenden Rechnungen sollst du für die leeren Kästchen die passenden Zahlen einsetzen. Diese Kästchen stehen für nummerierte Fliesen. Wenn du die Buchstaben der Reihe ihrer Verwendung nach in das Lösungswort einsetzt, erfährst du, in welchem Raum der Boden verfliest wird.

$\frac{2}{3} = \frac{6}{\square} = \frac{\square}{36}$ $\frac{12}{8} = \frac{3}{\square} = \frac{18}{\square}$ $\frac{9}{15} = \frac{\square}{5} = \frac{\square}{25}$ $\frac{10}{20} = \frac{2}{\square} = \frac{\square}{40} = \frac{4}{\square}$

1 I, 4 U, 7 K, 10 Y, 13 V, 16 G, 19 P, 22 J, 25 N
2 C, 4 O, 8 E, 11 F, 14 R, 17 L, 20 B, 23 X
3 S, 5 W, 9 D, 12 H, 15 T, 18 Z, 21 M, 24 A

Lösungswort: _ _ _ _ _ _ _ _ _ _ _

H 2 24 Zerlege Zähler und Nenner jeweils in Primfaktoren und kürze dann!

a) $\frac{24}{36} = \square = \square$ **c)** $\frac{50}{40} = \square = \square$

b) $\frac{32}{72} = \square = \square$ **d)** $\frac{36}{27} = \square = \square$

H 4 **25** Carmen will Petra erklären, wie man beurteilen kann, welche von zwei Bruchzahlen in Bruchschreibweise die größere ist. Welche ihrer Vorschläge sind sinnvoll, welche sind es nicht?
Gib jeweils ein Beispiel bzw. ein Gegenbeispiel an und begründe!

	sinnvoll	nicht sinnvoll	Beispiel und Begründung
A Stelle die Bruchzahlen auf dem Zahlenstrahl dar! Die rechts befindliche Bruchzahl ist die größere.	☐	☐	
B Bringe die Bruchzahlen auf gleichen Nenner! Die Bruchzahl mit dem größeren Zähler ist die größere.	☐	☐	
C Je größer der Nenner ist, desto kleiner ist die Bruchzahl.	☐	☐	
D Bringe die Bruchzahlen auf gleichen Zähler! Die Bruchzahl mit dem größeren Nenner ist die kleinere.	☐	☐	
E Je kleiner der Zähler ist, desto kleiner ist die Bruchzahl.	☐	☐	
F Schreibe die Bruchzahlen in Form von Dezimalzahlen! So kannst du die Größe von Bruchzahlen leicht vergleichen.	☐	☐	

H 2 **26** Ordne die Bruchzahlen der Größe nach! Beginne mit der größten!

a) $\frac{2}{3}, \frac{5}{9}, \frac{5}{6}$ ______ **b)** $\frac{1}{2}, \frac{3}{5}, \frac{4}{7}$ ______ **c)** $\frac{7}{5}, \frac{13}{10}, 1\frac{1}{2}$ ______

H 2 **27** Welches Zeichen „<", „>", „=" ist einzusetzen? Begründe deine Antwort!

a) $\frac{7}{8}$ ☐ $\frac{8}{9}$ ______

b) $\frac{13}{14}$ ☐ $\frac{14}{13}$ ______

c) $\frac{24}{48}$ ☐ $\frac{4}{8}$ ______

d) 1,8 ☐ $\frac{8}{5}$ ______

H 2 **28** Gegeben ist die Ungleichung $z \leq 4\frac{1}{2}$.

1) Welche natürlichen Zahlen kannst du für z einsetzen? ______

2) Welche Bruchzahlen mit dem Nenner 3 $\left(\text{ausgenommen } \frac{0}{3}\right)$ kannst du für z einsetzen?

______

3) Wie heißt die größte Bruchzahl mit Nenner 8, die die Ungleichung erfüllt? ______

H 2 **29** In einer Wanderkarte mit dem Maßstab 1 : 25 000 ist der Weg vom Preiner Gscheid zum Karl-Ludwig-Haus auf der Rax mit den vielen „Schlangen"-Windungen rund 14 cm lang dargestellt.
Wie lang ist die Strecke in der Wirklichkeit? Kreuze an!

☐ rund 2,5 km ☐ rund 3,5 km ☐ rund 5 km ☐ rund 7 km ☐ rund 7,5 km

H 2 **30** Helmuts Mutter war bei seiner Geburt 30 Jahre alt. Wie verhält sich Helmuts Alter zum jeweiligen Alter seiner Mutter?
Schreibe dieses Verhältnis mit möglichst kleinen natürlichen Zahlen!

2 Jahre nach seiner Geburt: ______ 30 Jahre nach seiner Geburt: ______
5 Jahre nach seiner Geburt: ______ 40 Jahre nach seiner Geburt: ______
10 Jahre nach seiner Geburt: ______ 50 Jahre nach seiner Geburt: ______
20 Jahre nach seiner Geburt: ______ 60 Jahre nach seiner Geburt: ______

H 1 **31**

1) Wenn man den Beginn des Ägyptischen Reiches mit 3000 v. Chr. ansetzt, so sind seit damals rund 5000 Jahre vergangen.
Rund welcher Bruchteil (geschrieben als Dezimalzahl) bezogen auf diese 5000 Jahre ist zwischen 3000 v. Chr. und der angegebenen Zeit vergangen?

Zeit	Bruchteil	Zeit	Bruchteil
Ramses II. (~ 1250 v. Chr.)		Karl der Große (~ 800 n. Chr.)	
Alexander der Große (~ 350 v. Chr.)		Christoph Kolumbus (~ 1500 n. Chr.)	
Gaius Julius Caesar (~ 50 v. Chr.)		Maria Theresia (~ 1750 n. Chr.)	
Jesus Christus (~ 0)		Kaiser Franz Joseph (~ 1900 n. Chr.)	

2) Stelle diese Bruchteile auf dem Zahlenstrahl dar (5000 Jahre ≙ 10 cm)!

3000 vor Chr. 2000 nach Chr.

H 2 **32**

Wie bei vielen Bauwerken des Mittelalters sind auch im Münster von Neuberg an der Mürz (Steiermark) ganz bestimmte Längenverhältnisse feststellbar. So sind alle Längen ganzzahlige Vielfache einer Maßeinheit von 36,1 cm. Dividiere jede der gemessenen Breiten durch 36,1 cm! Du wirst feststellen, dass alle Ergebnisse ganz nahe bei einer ganzen Zahl liegen.

	Breite	Quotient	Rundung
Nördl. Seitenschiff	7,28 m		
Mittelschiff	9,71 m		
Südl. Seitenschiff	7,19 m		
1.–9. Joch (außer 4.)	7,22 m		
4. Joch	9,76 m		

H 1 **33**

Gegeben ist die Dezimalzahl 0,8. Welche Zahlen (geschrieben in Bruch-, in Dezimal- bzw. in Prozentschreibweise) haben ebenfalls den Wert 0,8? Kreuze an!

☐ $\frac{3}{4}$ ☐ 8 % ☐ 0,80 ☐ $\frac{8}{10}$ ☐ 80 % ☐ $\frac{4}{5}$ ☐ 0,800 ☐ $\frac{80}{10}$ ☐ $\frac{16}{20}$ ☐ $0,7\overline{9}$

H 2 **34**

Wie viel(e) ist (sind) das?

a) 10 % der Obstlieferung von 600 kg waren verdorben. ____________

b) 30 % von 150000 Personen geben an, regelmäßig ins Kino zu gehen. ____________

c) 25 % der 24 Schüler der 2B-Klasse sind jünger als 11 Jahre. ____________

d) An 75 % der 36 Urlaubstage schien die Sonne. ____________

e) 40 % der 1000000 Wähler wählten die Partei X. ____________

f) Beim Einkauf von Waren um 50 € erhält man heute einen Preisnachlass von 5 %. ____________

g) 100 % aller 583 Schülerinnen und Schüler einer Schule waren heute in der Schule. ____________

h) Von den 500 € Kosten einer Ware hebt der Staat 20 % Mehrwertsteuer ein. ____________

H 1 **35**

Von einem Grundstück sind 250 m² verbaut und 750 m² Garten. Der relative Anteil des verbauten Teiles beträgt

1) in Bruchform: ☐ **2)** in Dezimalschreibweise: ☐ **3)** in Prozentschreibweise: ☐

H 2 **36**

Die größte Glocke Österreichs, die Pummerin im Dom zu St. Stefan in Wien, hat eine Masse von 21383 kg. Das Material der Glocke ist Glockenbronze aus Kupfer und 22 % Zinn.

1) Wie groß ist der Kupferanteil? ____________

2) Rund wie viel Kilogramm Kupfer bzw. Zinn sind in der Glocke verarbeitet?

Kupfer: ____________ Zinn: ____________

Wähle zum Füllen der Lücken aus den rechts stehenden Wörtern die passenden aus!
Trage die Buchstaben bzw. Wortteile in der Reihenfolge der Lücken in den Lösungstext ein!

■ Brüche können Teile eines ____________ $\left(zB: \frac{1}{2}, \frac{2}{3}, \frac{3}{4} \dots\right)$, Ganze $\left(zB: \frac{2}{2}, \frac{6}{3}, \frac{8}{4} \dots\right)$ und __________ als ein Ganzes $\left(zB: \frac{3}{2}, \frac{5}{3}, \frac{7}{4} \dots\right)$ angeben.
Der Nenner des Bruches gibt an, in wie viele __________ das Ganze geteilt wird. Der ____________ gibt an, wie viele Teile zu nehmen sind. Brüche mit dem Zähler 1 heißen ________________ $\left(zB: \frac{1}{2}, \frac{1}{3}, \frac{1}{4} \dots\right)$.

■ Der Bruchstrich ersetzt das ________________________ $\left(\frac{a}{b} = a : b\right)$.
Jede Bruchzahl kann in der Form eines ____________ oder als ________________ geschrieben werden $\left(zB: \frac{1}{2} = 0{,}5\right)$.
Dabei gibt es Dezimalzahlen mit ________________________ Stellen $\left(zB: \frac{3}{4} = 0{,}75\right)$, __________________ Dezimalzahlen $\left(zB: \frac{1}{3} = 0{,}\overline{3}\right)$ bzw. ________________________________ Dezimalzahlen $\left(zB: \frac{1}{6} = 0{,}1\overline{6}\right)$.

■ Bruchzahlen können wie die natürlichen Zahlen auf dem ________________ als Punkte dargestellt werden. Dabei befindet sich der Punkt der größeren Bruchzahl __________ von dem der kleineren Bruchzahl. Bei Brüchen mit ______________ Nenner ist jener mit dem ______________ Zähler die größere Bruchzahl.

■ Beim ______________ von Brüchen werden Zähler und Nenner mit derselben Zahl (≠ 0) ____________________ $\left(zB: \frac{3}{4} = \frac{3 \cdot 5}{4 \cdot 5} = \frac{15}{20}\right)$.
Beim ____________ von Brüchen werden Zähler und Nenner durch dieselbe Zahl (≠ 0) ________________ $\left(zB: \frac{12}{18} = \frac{12 : 6}{18 : 6} = \frac{2}{3}\right)$.
Der „Wert" des Bruches bleibt in beiden Fällen __________.

■ Mit Brüchen kann man auch Größen- und ________________________, relative ______________ und ________________________________ angeben. Den relativen Anteil erhält man, indem man die Anzahl von Objekten mit einer bestimmten Eigenschaft durch die ____________________ dividiert. Relative Anteile können in Form von Brüchen, Dezimalzahlen und in ____________ angegeben werden $\left(zB: \frac{2}{5} = 0{,}40 = 40\,\%\right)$.

Anteile	we
Bruches	Mei
Dezimalbrüche	le
Dezimalschreibweise	La
Dezimalzahl	ster
dividiert	ch
Divisionszeichen	kein
endlich vielen	vom
Erweitern	oh
Ganzen	Es
gemischt periodische	m
Gesamtanzahl	zu
gleich	da
gleichem	fal
größeren	len
Hundertstel	Na
Kürzen	si
Maßstab	sch
mehr	ist
multipliziert	ne
ordnen	ge
periodische	Him
Plan	n
Prozenten	tun
rechts	ge
relative Häufigkeiten	h
Stammbrüche	ch
Teile	n
vergleichen	und
Wert	Er
Wirklichkeit	An
Zahlenstrahl	el
Zähler	o
Zahlenverhältnisse	bei

Lösungstext: ___ ___ ___ ___ ___ ___ ___ ___ ___ ___ ___ ___ ___

___ ___ ___, ___ ___ ___ ___ ___ ___ ___ ___ ___ ___.

H 1 **1** Färbe im rechts dargestellten Rechteck $\frac{1}{3}$ hell und $\frac{3}{8}$ dunkel!

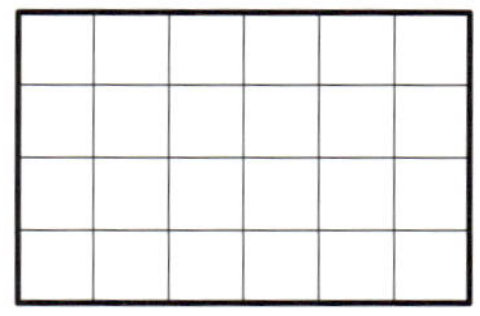

Welcher Bruchteil des Rechtecks bleibt weiß? ________

Überprüfe durch Rechnen! ______________________________

H 3 **2**

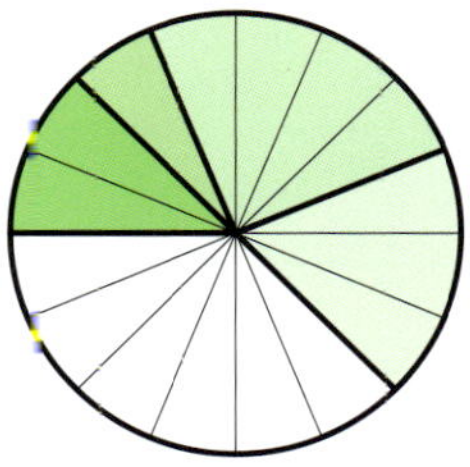

Bücher
Lernbehelfe
Gutscheine
CDs
Nieten

Bei einem Schulfest werden Lose verkauft.
Im nebenstehenden Kreisdiagramm ist die Verteilung der Lose mit Gewinn (Bücher, Lernbehelfe, Gutscheine, CDs) und Nieten (= Lose ohne Gewinn) dargestellt.

1) Wie hoch ist der Anteil der Nieten? ________

2) Probe durch Rechnen: ______________________

H 2 **3** Überprüfe die Rechnungen und korrigiere die Fehler! Sind deine Antworten richtig, ergeben die Buchstaben von oben nach unten gelesen ein Lösungswort.

		richtig	falsch	Korrektur
A	$\frac{3}{5}+1{,}2-1\frac{1}{2}=0{,}4$	S	T	
B	$1\frac{1}{3}+2\frac{5}{6}+\frac{1}{2}=4\frac{2}{3}$	E	R	
C	$\frac{2}{3}+1\frac{1}{4}-\frac{1}{2}>1$	N	A	
D	$5\frac{1}{4}-3\frac{5}{8}-1\frac{1}{2}=0$	S	N	
E	$2\frac{1}{5}-1\frac{1}{2}+0{,}8<2$	E	K	

Lösungswort: _ _ _ _ _

H 2 **4** Ordne jeder Rechnung das richtige Ergebnis zu!

$2\frac{2}{3}-\left(1\frac{1}{4}-\frac{5}{6}\right)+\frac{5}{12}=$ — — $\frac{1}{6}$

$2\frac{2}{3}-\left(1\frac{1}{4}-\frac{5}{6}+\frac{5}{12}\right)=$ — — 1

$\left(2\frac{2}{3}-1\frac{1}{4}-\frac{5}{6}\right)+\frac{5}{12}=$ — — $1\frac{5}{6}$

$\left(2\frac{2}{3}-1\frac{1}{4}\right)-\left(\frac{5}{6}+\frac{5}{12}\right)=$ — — $2\frac{2}{3}$

$3\frac{1}{2}-1\frac{2}{4}-\frac{1}{3}+1\frac{1}{3}=$ — — 1

$\left(3\frac{1}{2}-1\frac{2}{4}\right)-\left(\frac{1}{3}+1\frac{1}{3}\right)=$ — — $3\frac{2}{3}$

$3\frac{1}{2}-\left(1\frac{2}{4}-\frac{1}{3}+1\frac{1}{3}\right)=$ — — 3

$3\frac{1}{2}-\left(1\frac{2}{4}-\frac{1}{3}\right)+1\frac{1}{3}=$ — — $\frac{1}{3}$

H 2 **5** In die 2C-Klasse gehen 24 Schülerinnen und Schüler. Bei einer Befragung nach dem Lieblingsfach nannten 1 Viertel der Schülerinnen und Schüler Leibesübungen, 1 Sechstel nannten Musik und 1 Zwölftel Englisch. 3 Achtel gaben andere Gegenstände außer Mathematik an.

Der Stimmenanteil für Mathematik ist ____________________.

H 2 **6** Messing ist eine Legierung aus Kupfer und Zink.

Eine Messing-Armatur besteht zu $\frac{2}{5}$ aus Zink und zusätzlich 3 % Blei.

Der Anteil an Kupfer ist ________________________.

H 2 **7** Berechne!

a) $\frac{3}{4} \cdot 2 =$ ___ **b)** $\frac{3}{4} : 2 =$ ___ **c)** $5 \cdot \frac{2}{5} =$ ___ **d)** $5 : \frac{2}{5} =$ ___ **e)** $\frac{2}{3} \cdot \frac{3}{5} =$ ___ **f)** $\frac{2}{3} : \frac{3}{5} =$ ___

H 3 **8** Wie dividiert man eine Zahl in Bruchschreibweise durch eine natürliche Zahl? Kreuze an und unterstütze deine Meinung durch passende Beispiele!

		richtig	falsch	Beispiel
A	Man dividiert den Zähler durch die natürliche Zahl und lässt den Nenner unverändert.	X		$\frac{2}{5} : 2 = \frac{1}{5}$
B	Man multipliziert den Zähler mit der natürlichen Zahl und lässt den Nenner unverändert.			
C	Man dividiert den Nenner durch die natürliche Zahl und lässt den Zähler unverändert.			
D	Man multipliziert den Nenner mit der natürlichen Zahl und lässt den Zähler unverändert.			
E	Man muss Zähler und Nenner durch die natürliche Zahl dividieren.			

H 2 **9** Zeige anhand folgender Aufgaben, dass die Rechengesetze, die du bei den natürlichen Zahlen kennen gelernt hast, auch für Brüche gelten!

1) Vertauschungsgesetz der Addition:
$\frac{2}{3} + \frac{3}{4} =$ ____________________
$\frac{3}{4} + \frac{2}{3} =$ ____________________

2) Verbindungsgesetz der Addition:
$\frac{2}{3} + \left(\frac{3}{4} + \frac{1}{6}\right) =$ ____________________
$\left(\frac{2}{3} + \frac{3}{4}\right) + \frac{1}{6} =$ ____________________

3) Vertauschungsgesetz der Multiplikation:
$\frac{2}{3} \cdot \frac{3}{4} =$ ____________________
$\frac{3}{4} \cdot \frac{2}{3} =$ ____________________

4) Verbindungsgesetz der Multiplikation:
$\frac{2}{3} \cdot \left(\frac{3}{4} \cdot \frac{1}{6}\right) =$ ____________________
$\left(\frac{2}{3} \cdot \frac{3}{4}\right) \cdot \frac{1}{6} =$ ____________________

5) Verteilungsgesetz der Multiplikation:
$\frac{2}{3} \cdot \left(\frac{3}{4} + \frac{1}{6}\right) =$ ____________________
$\frac{2}{3} \cdot \frac{3}{4} + \frac{2}{3} \cdot \frac{1}{6} =$ ____________________

H 2 **10** Löse die Aufgaben und kürze so weit wie möglich! Der Zähler des jeweiligen Ergebnisses gibt dir die Zeile, der Nenner die Spalte in der Tabelle mit den Lösungsbuchstaben an. Es ergibt sich ein österreichischer Fluss.

1) $\frac{4}{9} \cdot \frac{3}{4} - \frac{4}{9} \cdot \frac{1}{2} =$ ____________________ = ______

2) $\frac{4}{9} \cdot \frac{3}{4} + \frac{4}{9} \cdot \frac{1}{2} =$ ____________________ = ______

3) $\frac{4}{5} : \frac{4}{15} + \frac{4}{5} : \frac{1}{5} =$ ____________________ = ______

4) $\left(\frac{3}{4} - \frac{1}{3}\right) : \left(\frac{2}{3} + \frac{1}{6}\right) =$ ____________________ = ______

5) $\left(\frac{3}{4} - \frac{1}{3}\right) : \frac{2}{3} + \frac{1}{8} =$ ____________________ = ______

6) $\frac{3}{4} - \left(\frac{1}{3} : \frac{2}{3} - \frac{1}{8}\right) =$ ____________________ = ______

	0	1	2	3	4	5	6	7	8	9
0	Z	R	O	T	W	S	M	G	H	V
1	J	N	A	U	D	P	L	X	Ü	E
2	L	K	B	Y	C	M	W	F	O	U
3	T	W	E	G	U	H	R	Z	F	Q
4	X	Ä	B	S	M	N	R	P	W	Ü
5	Y	Z	K	W	L	G	O	N	D	R
6	M	J	S	F	C	Q	Ö	N	K	B
7	V	L	K	Ä	W	P	X	Q	V	S
8	R	Ö	M	Ü	X	Z	G	F	W	T
9	H	I	Q	W	L	F	P	R	M	Y

Lösungswort: _ _ _ _ _ _

H 2 **11** Ordne jeder Rechnung das richtige Ergebnis zu!

$\frac{2}{3} \cdot \frac{3}{4} + \frac{1}{2} + \frac{1}{6} + \frac{1}{3} : \frac{2}{3} =$	$\frac{23}{18}$
$\frac{2}{3} \cdot \left(\frac{3}{4} + \frac{1}{2}\right) + \frac{1}{6} + \frac{1}{3} : \frac{2}{3} =$	$\frac{13}{9}$
$\frac{2}{3} \cdot \left(\frac{3}{4} + \frac{1}{2}\right) + \left(\frac{1}{6} + \frac{1}{3}\right) : \frac{2}{3} =$	$\frac{3}{2}$
$\frac{2}{3} \cdot \left(\frac{3}{4} + \frac{1}{2} + \frac{1}{6}\right) + \frac{1}{3} : \frac{2}{3} =$	$\frac{19}{12}$
$\frac{2}{3} \cdot \frac{3}{4} + \left(\frac{1}{2} + \frac{1}{6} + \frac{1}{3}\right) : \frac{2}{3} =$	$\frac{5}{3}$
$\frac{2}{3} \cdot \left(\frac{3}{4} + \frac{1}{2} + \frac{1}{6} + \frac{1}{3}\right) : \frac{2}{3} =$	$\frac{7}{4}$
$\left(\frac{2}{3} \cdot \frac{3}{4} + \frac{1}{2} + \frac{1}{6} + \frac{1}{3}\right) : \frac{2}{3} =$	2
$\frac{2}{3} \cdot \left(\frac{3}{4} + \frac{1}{2} + \frac{1}{6} + \frac{1}{3} : \frac{2}{3}\right) =$	$\frac{9}{4}$

H 2 **12** Von **5 000 l** Mineralwasser werden zunächst **1 000** Flaschen zu $1\frac{1}{2}$ l gefüllt und der Rest des Mineralwassers in $\frac{1}{2}$**-Liter-Flaschen** gegeben.

Es können noch ____________ Flaschen zu $\frac{1}{2}$ l gefüllt werden.

H 2 **13** Die Längen der größten Ströme in den einzelnen Erdteilen (ausgenommen Antarktis) sind in der Tabelle näherungsweise angeführt. Die Brüche geben das Verhältnis der jeweiligen Flusslänge zur Länge der Wolga (**3 530 km**) an. Rund wie viel Kilometer sind die Flüsse lang? Runde auf Zehner!

Erdteil	Fluss	Verhältniszahl	Länge des Stromes
Afrika	Nil + Kagera	$\frac{17}{9}$	
Südamerika	Amazonas + Ucayali + Apurimac	$\frac{11}{6}$	
Asien	Jangtsekiang + Tongtian He	$\frac{9}{5}$	
Nordamerika	Mississippi + Missouri + Red Rock	$\frac{17}{10}$	
Australien	Murray + Darling + Culgoa	$\frac{25}{24}$	

Bemerkung: ZB ist der Kagera ein Quellfluss des Nils, der die Gesamtlänge des Nils verlängert. Daher ist Nil + Kagera angegeben.

H 2 **14** Ein Verein hat **960** Mitglieder. Zur Jahreshauptversammlung sind $\frac{1}{6}$ der Mitglieder gekommen. Davon haben $\frac{9}{10}$ für den bisherigen Vorstand gestimmt.

1) An der Hauptversammlung haben ____________ Personen teilgenommen.

2) Bei der Hauptversammlung haben ____________ Personen für den bisherigen Vorstand gestimmt.

3) Bei der Hauptversammlung haben sich ________ Personen der Stimme enthalten bzw. haben gegen den bisherigen Vorstand gestimmt.

4) Von allen Mitgliedern des Vereins hat der Bruchteil von ____________ für den bisherigen Vorstand gestimmt.

H 2 **15** Eine Digitalkamera kostete ursprünglich **650 €**. Christian, der diese Kamera gerne haben möchte, bekam von seinem Vater den Rat, mit dem Kauf etwas zuzuwarten. Tatsächlich wurde sie nach einem Jahr um $\frac{1}{5}$ des ursprünglichen Preises billiger. Schließlich wurde sie im Sonderangebot nochmals um $\frac{1}{4}$ des Letztpreises verbilligt.

1) Jetzt hat Christian die Kamera gekauft und ____________ Euro bezahlt.

2) Der Preis der Kamera betrug schließlich den Bruchteil von ____________ des ursprünglichen Preises.

Wähle zum Füllen der Lücken aus den rechts stehenden Wörtern bzw. Brüchen die passenden aus! Verbinde die Zahlen im Lösungsbild in der Reihenfolge der Lücken!

Rechnen mit Bruchzahlen in Bruchschreibweise

- Brüche mit dem gleichen Nenner heißen ____________ Brüche.
Solche Bruchzahlen werden ____________ bzw. subtrahiert, indem man die ____________ addiert bzw. ____________ und die Nenner ____________ lässt $\left(\text{zB: } \frac{3}{5} + \frac{2}{5} = \frac{5}{5}\right)$.

- ____________ Brüche werden durch ____________ in gleichnamige Brüche umgerechnet $\left(\text{zB: } \frac{2}{3} + \frac{3}{5} = \frac{2 \cdot 5 + 3 \cdot 3}{3 \cdot 5} = \frac{10 + 9}{15} = \frac{19}{15}\right)$.

- Bruchzahlen werden mit einer natürlichen Zahl ____________, indem man den Zähler des Bruches mit der natürlichen Zahl multipliziert und den Nenner unverändert lässt $\left(\text{zB: } \frac{4}{5} \cdot 2 = \frac{4 \cdot 2}{5} = \frac{8}{5}\right)$.

- Bruchzahlen werden durch eine natürliche Zahl ____________, indem man den ____________ des Bruches mit der natürlichen Zahl multipliziert und den Zähler unverändert lässt $\left(\text{zB: } \frac{3}{5} : 2 = \frac{3}{5 \cdot 2} = \frac{3}{10}\right)$.

- Zwei Bruchzahlen werden multipliziert, indem man Zähler ____________ Zähler und Nenner mit Nenner multipliziert $\left(\text{zB: } \frac{2}{3} \cdot \frac{5}{7} = \frac{2 \cdot 5}{3 \cdot 7} = \frac{10}{21}\right)$.

- Eine Bruchzahl wird durch eine Bruchzahl dividiert, indem man die ____________ Bruchzahl mit dem ____________ der ____________ Bruchzahl multipliziert $\left(\text{zB: } \frac{2}{3} : \frac{5}{7} = \frac{2}{3} \cdot \frac{7}{5} = \frac{2 \cdot 7}{3 \cdot 5} = \frac{14}{15}\right)$.

- Der Kehrwert (____________ Wert) von $\frac{2}{3}$ ist ________.

Wörter und Brüche:

- addiert 8
- bleibt gleich 20
- Bruchzahl 3
- dividiert 9
- erste 21
- Erweitern 10
- gleichnamige 12
- Kehrwert 13
- mit 17
- multipliziert 18
- Nenner 4
- reziproker 2
- subtrahiert 14
- umrechnet 19
- Ungleichnamige 16
- unverändert 5
- Zähler 1
- zweiten 6
- $\frac{1}{2}$ 11
- $\frac{3}{2}$ 7
- $\frac{2}{3}$ 15

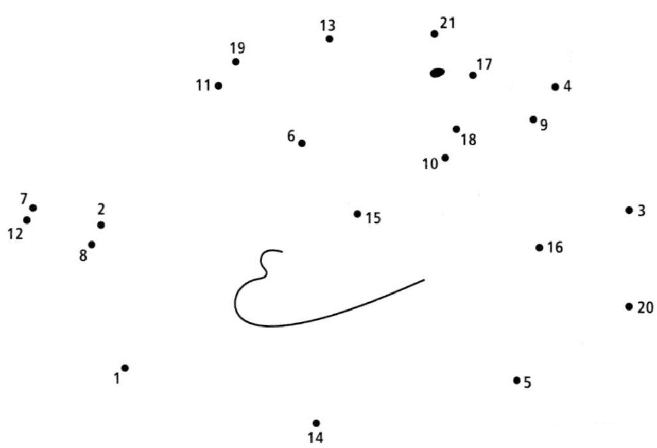

H 2 **1** Löse die Gleichungen durch Umkehrung der Rechenoperationen! Welche Lösung gehört zu welcher Gleichung? Bei richtiger Zuordnung erhältst du ein Lösungswort.

a) $x + 29 = 45$ x = ___ c) $m \cdot 6 = 42$ m = ___ e) $44 + t = 60$ t = ___ g) $u - 19 = 12$ u = ___

b) $y - 13 = 18$ y = ___ d) $s : 7 = 14$ s = ___ f) $z : 4 = 4$ z = ___ h) $16 \cdot r = 256$ r = ___

98 B 7 D 16 E 31 R

Lösungswort: _ _ _ _ _ _ _ _

H 3 **2** Schreibe zu jeder Zeichnung eine Gleichung auf und löse sie!

a) 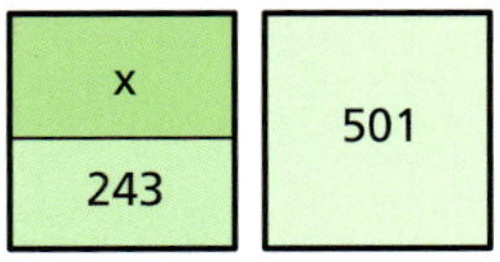

$x + 243 = 501$

x = ___

b) 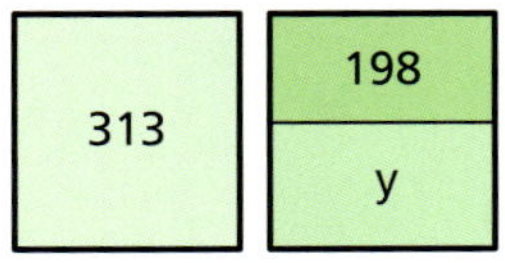

___

y = ___

c) 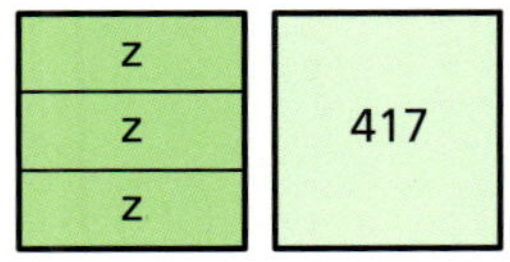

___

z = ___

d) 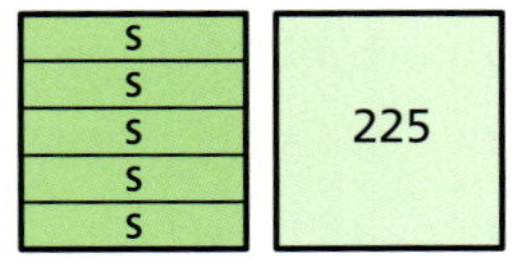

___

s = ___

H 3 **3** Paket A wiegt **a kg**, Paket B wiegt **b kg**. Der Zusammenhang der Massen ist angegeben.
1) Drücke jeden dieser Zusammenhänge mit eigenen Worten aus!
2) Setze jeweils für eine der Variablen eine selbst gewählte Zahl ein und berechne dann die andere!

a) $a + b = 12$ 1) ___ 2) a = ___ → b = ___

b) $b = a + 12$ 1) ___ 2) a = ___ → b = ___

c) $a = \frac{1}{2} \cdot b$ 1) ___ 2) a = ___ → b = ___

d) $3 \cdot b = a$ 1) ___ 2) b = ___ → a = ___

H 1 **4** Leonies Kinderzimmer hat einen Flächeninhalt von $16{,}2\ m^2$ und eine Länge von $4{,}5$ m.
a) Schreibe die Flächeninhaltsformel des Rechtecks auf und forme sie so um, dass du die Breite berechnen kannst! A = ___ → b = ___
b) Berechne, wie breit Leonies Kinderzimmer ist! b = ___

H 2 **5** Die Volumsformel für den Quader lautet $V = G \cdot h$.
Ein Quader hat ein Volumen von $300\ cm^3$ und eine Höhe von 12 cm.
a) Berechne die Größe der Grundfläche! G = ___
b) Drücke jede Variable durch die beiden anderen aus! h = ___ , G = ___

H 1 **6** Die monatlichen Kosten **K** einer Wohnung setzen sich aus der Miete **M** und den Betriebskosten **B** zusammen.
a) Schreibe diesen Zusammenhang als Formel auf! ___
b) Drücke jede Variable durch die beiden anderen aus! M = ___ , B = ___
c) Im September betrugen die Kosten für die Wohnung **720 €**. Davon waren **240 €** für Betriebskosten zu bezahlen. Wie hoch war die Miete im Monat September?

___

H 2 **7** Ordne jeder Gleichung die richtige Lösung zu! Es ergibt sich zur Kontrolle ein Lösungswort.

a) $(x - 1) \cdot 8 = 40$ x = ___ c) $(u + 24) : 4 = 10$ u = ___ e) $\left(\frac{a}{3} - \frac{5}{6}\right) \cdot \frac{1}{4} = \frac{1}{24}$ a = ___

b) $(y - 2) \cdot 6 = 18$ y = ___ d) $(s + 35) : 9 = 12$ s = ___ f) $\left(0{,}5 \cdot x - \frac{3}{4}\right) \cdot 6 = \frac{3}{2}$ x = ___

2 R 3 E 5 I 6 S 16 E 73 G

Lösungswort: _ _ _ _ _ _

H 2 **8** Löse die untenstehenden Gleichungen! Die Lösungen zeigen dir den Weg durch das Spinnennetz, die Buchstaben entlang des Weges ergeben ein Lösungswort. Du musst selbst herausfinden, wo der Anfangspunkt ist!

1) $3{,}75 \cdot x = 56{,}25$ $x =$

2) $\frac{y}{5} = 1{,}8$ $y =$

3) $5 + 2 \cdot s = 45$ $s =$

4) $1{,}3 + 0{,}1 \cdot t = 2{,}3$ $t =$

5) $2\frac{1}{5}z - 6 = 5$ $z =$

6) $5 \cdot b + 29 = 84$ $b =$

7) $a : 6 - 1 = 3$ $a =$

8) $4 \cdot d - 9 = 43$ $d =$

9) $0{,}75 \cdot r - 5 = 1$ $r =$

10) $0{,}85 + \frac{7}{8}c = 2{,}6$ $c =$

11) $0{,}5 \cdot w - 25 = 6$ $w =$

12) $\frac{5}{6}v + 7{,}5 = 17{,}5$ $v =$

13) $3 + 0{,}25 \cdot e = 10$ $e =$

14) $0{,}8 \cdot f - 7 = 13$ $f =$

15) $\frac{2}{5}t + 0{,}6 = 1$ $t =$

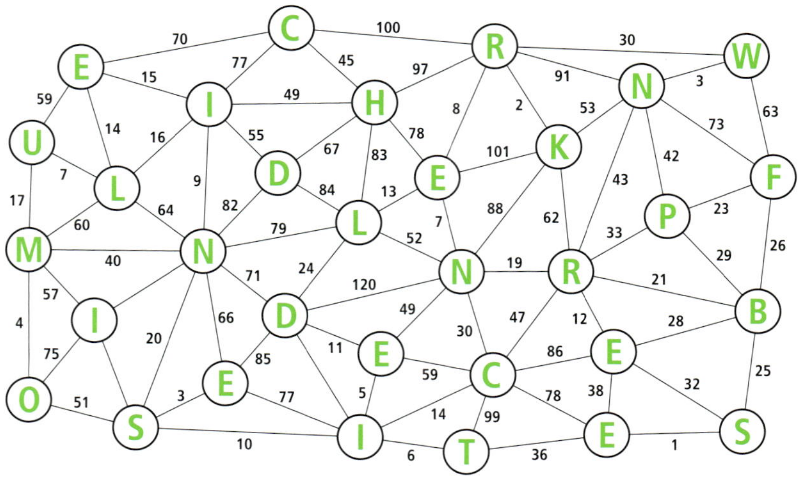

Lösungswort: _ _ _ _ _ _ _ _ _ _ _ _ _ _ _ _

H 3 **9** Schreibe zu jeder Zeichnung eine Gleichung auf und löse sie!

a)
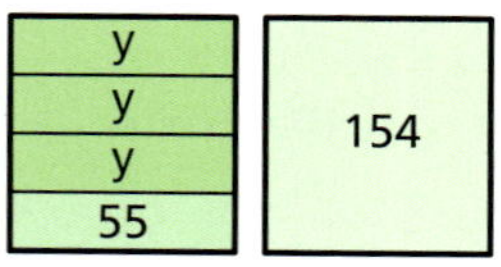

$y =$

b)
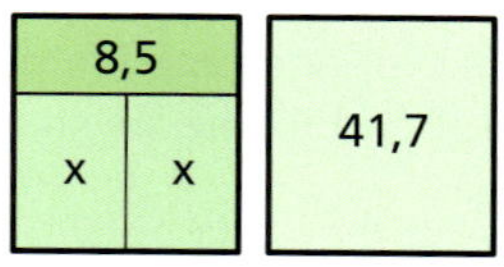

$x =$

c)
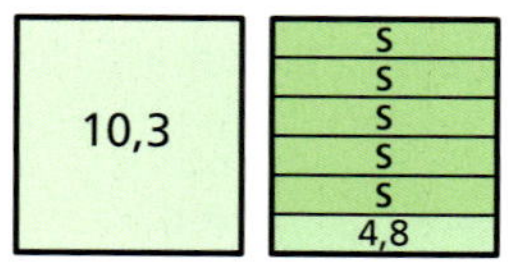

$s =$

d)
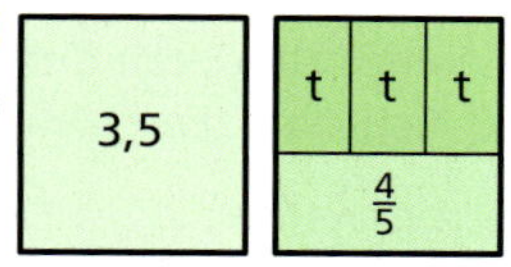

$t =$

H 2 **10** Bei uns wird die Temperatur in der Einheit Grad Celsius (°C) angegeben, in den USA wird die Einheit Grad Fahrenheit (°F) verwendet. Der Zusammenhang zwischen den beiden Einheiten °C und °F ist in folgender Formel dargestellt: $°F = \frac{9}{5} \cdot °C + 32$

a) Rechne in °F um!

0 °C =   10 °C =   20 °C =   25 °C =   50 °C =   100 °C =

b) Wie wandelt man Temperaturangaben von Fahrenheit in Celsius um?
Drücke aus der Formel °C aus und rechne um!

32 °F =   113 °F =   131 °F =   167 °F =

H 1 **11** Die monatliche Telefonrechnung setzt sich zusammen aus der Grundgebühr und dem Betrag, den man für die Telefongespräche (Preis pro Minute mal Anzahl der verbrauchten Minuten) zu zahlen hat.

1) Gib den Zusammenhang mit selbst gewählten Variablen an! ____________________

2) Drücke jede Variable durch die drei anderen aus! ____________________

3) Wie viel Euro macht die Telefonrechnung aus, wenn die Grundgebühr 9,90 € beträgt, pro Minute 0,045 € berechnet werden und insgesamt 2 h 28 min telefoniert wurde?

H 1 **12** Stelle Gleichungen auf und löse sie! Die Lösung zeigt dir, in welche Waben du die Buchstaben zu übertragen hast. Es ergibt sich ein Spruch.

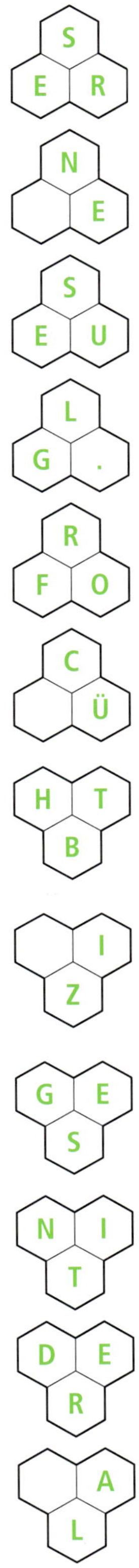

1) Das Fünffache einer Zahl ist um 3,8 größer als 31,2.
Wie lautet die Zahl? $5 \cdot x - 3{,}8 = 31{,}2$ $x = 7$

2) Wenn Thomas zum Sechsfachen einer Zahl 12,5 addiert, so erhält er ebenso viel, wie wenn er den Quotienten aus 49 und 2 bildet. ______________________

3) Jonas wird in 24 Jahren dreimal so alt sein wie jetzt.
Wie alt ist er jetzt? ______________________

4) Tina und Manuela sind zusammen 30 Jahre alt. Tina ist um 8 Jahre älter als Manuela.
Wie alt ist Manuela? ______________________

5) An seinem 60. Geburtstag stellt Herr Wolf fest, dass seine drei Kinder zusammen genauso alt sind wie er selbst. Die Tochter ist um 5 Jahre älter als der jüngere Sohn. Der ältere Sohn ist dreimal so alt wie der jüngere Sohn. Wie alt ist die Tochter?

____

6) Roxana kauft beim Bäcker 1 kg Brot und 5 Semmeln. Das Brot kostet 3,85 €.
Insgesamt bezahlt sie 5,60 €. Wie viel Cent kostet eine Semmel? ______________________

7) Herr und Frau Schwingenschlögel gehen mit ihren beiden Kindern in den Zirkus. Sie bezahlen mit einem 100-Euro-Schein und erhalten 22 € zurück. Erwachsene bezahlen doppelt so viel Eintritt wie Kinder.
Wie viel kostet eine Eintrittskarte für ein Kind? ______________________

8) Die Schülerinnen und Schüler der 2. Klassen fahren im Mai an den Mondsee und übernachten dort in einer Jugendherberge. Die Kosten pro Kind belaufen sich auf 50 € für die Busfahrt, 25 € für Eintrittsgelder und 32,50 € für Unterkunft und Verpflegung pro Übernachtung. Insgesamt muss jeder Teilnehmende 205 € bezahlen.
Wie oft übernachten die Kinder am Mondsee? ______________________

9) Beim Ausverkauf wird der Preis eines Kostüms um $\frac{1}{4}$ des ursprünglichen Preises herabgesetzt. Das Kostüm kostet nach der Ermäßigung 136,50 €.
Wie hoch war der ursprüngliche Preis? ______________________

10) Ein Anhänger, der leer eine Masse von 1 800 kg hat, ist mit 22 gleich schweren Fässern beladen. Die Brückenwaage zeigt 3 120 kg an.
Wie groß ist die Masse eines Fasses? ______________________

11) Ein Dreieck hat einen Umfang von 32 cm. Die Seite a ist um 2 cm kürzer als die Seite b. Seite c ist 14 cm lang. Wie lang ist die Seite b? ______________________

12) In einem Dreieck ist der Winkel β doppelt so groß wie der Winkel α. Der Winkel γ ist dreimal so groß wie der Winkel α. Wie groß ist der Winkel α? ______________________

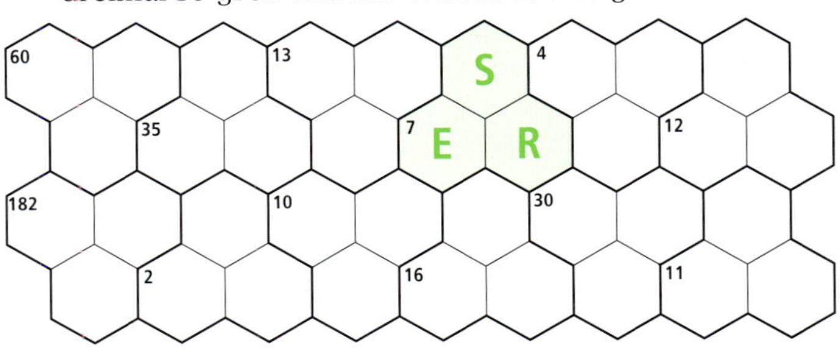

Lösungstext: ______________________

Wähle zum Füllen der Lücken aus den rechts stehenden Wörtern die passenden aus!
Verbinde die Zahlen im Lösungsbild in der Reihenfolge der Lücken!

Beim _____ einer Gleichung ist es unser _____, den zunächst _____ Wert für die Variable zu finden, so dass die _____ stimmt. Beispiel: x · 5 – 9 = 26
In unserem Beispiel werden auf die Unbekannte x zwei _____ angewandt: zuerst eine _____ (also eine Punktrechnung) und dann eine Subtraktion (eine _____). Um den _____ von x zu finden, müssen wir die beiden Rechenoperationen _____ machen. Zuerst muss die Umkehrung der Strichrechnung durchgeführt werden, dann die Umkehrung der _____.

Du weißt schon aus der 1. Klasse: Addition und Subtraktion sind _____ Rechnungsarten. Die _____ ist die Umkehrung der Addition. Die _____ ist die Umkehrung der Subtraktion. Ebenso gilt: Multiplikation und Division sind entgegengesetzte _____. Die _____ ist die Umkehrung der Multiplikation. Die Multiplikation ist die _____ der Division.

In unserem Beispiel müssen wir zuerst die Subtraktion _____ rückgängig machen, also die Zahl 9 _____.
Es ergibt sich: x · 5 = 26 + 9
Anschließend machen wir die Multiplikation _____ rückgängig, indem wir durch 5 _____. Es ergibt sich: x = 35 : 5
Wir sehen: x = 7 ist die _____ unserer Gleichung.

Lösen von Textaufgaben durch Gleichungen

1. Lies den _____ genau durch!
2. Bezeichne die gesuchte Zahl mit einer _____!
   _____ den Text in die Sprache der Mathematik und stelle eine Gleichung auf!
3. _____ die Gleichung!
4. Überprüfe noch einmal, ob die Lösung zum Text passt und ob sie stimmt (_____)!
5. Schreibe eine sinnvolle _____ auf!

- addieren 11
- Addition 29
- Antwort 7
- Beispiel 10
- bekannten 28
- dividieren 9
- Division 24
- entgegengesetzte 27
- Gleichung 6
- Löse 19
- Lösen 22
- Lösung 15
- mit 5 26
- Multiplikation 20
- Probe 8
- Punktrechnung 18
- Rechenoperationen 14
- Rechnungsarten 4
- rückgängig 13
- Strichrechnung 16
- Subtraktion 21
- Text 30
- Übersetze 5
- Umkehrung 23
- unbekannten 12
- Ungleichung 2
- Variablen 25
- von 9 3
- Wert 1
- Ziel 17

H 4 **1** Überprüfe, ob ein direkt proportionales Verhältnis vorliegt! Begründe deine Antwort!

a)

Stückzahl	Masse in dag
2	30
5	75

☐ ja ☐ nein

b)

Menge in kg	Preis in €
1,5	1,8
3,5	4,2

☐ ja ☐ nein

c)

Strecke in km	Verbrauch in Liter
60	4,5
200	14,5

☐ ja ☐ nein

d)

Länge in m	Preis in €
6	75
4	50

☐ ja ☐ nein

H 2 **2** Ergänze die Tabelle so, dass ein direkt proportionales Verhältnis vorliegt!

a)

Menge in kg	Preis in €
5	7,5
1	
2	
	10,5

b)

Stückzahl	Masse in dag
5	120
1	
	72
9	

c)

Strecke in km	Verbrauch in Liter
120	6,6
100	
	11,0
300	

d)

Länge in m	Preis in €
5	67,5
1	
3	
	108

H 3 **3** In der Abbildung unten rechts ist der Zusammenhang zwischen der Menge (in Kilogramm) und dem Preis (in Euro) von Honig dargestellt.
Verbinde die in der Abbildung eingezeichneten Punkte!
Du erhältst einen so genannten Preisstrahl.
Vervollständige mit seiner Hilfe die Tabelle!

Menge in kg	Preis in €
0,5	
2	
5	
1,5	
3	
5,5	

H 1 **4** Ein Bauer kann auf einer Fläche von **1 ha** rund **40 t** Kartoffeln ernten.
Zeichne ein Punktdiagramm für **1 ha**, **2 ha**, **3 ha** ... Anbaufläche!
Verbinde die erhaltenen Punkte durch einen Strahl und vervollständige dann die Tabelle!

Fläche in ha	Ernte in t
2	
5	
	60
	180
	220

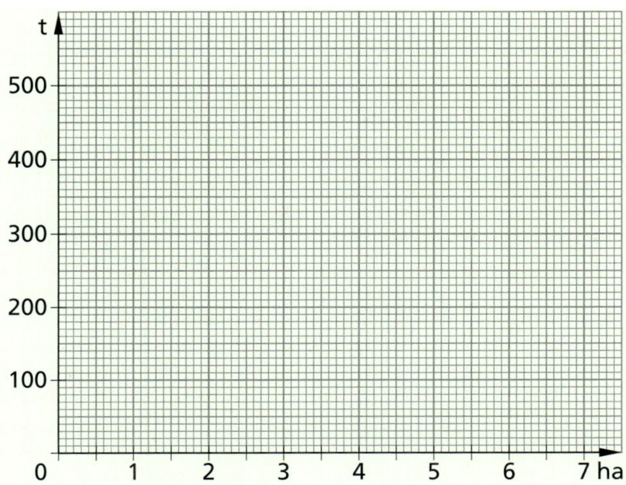

H 2 **5** Frau Schnell geht mehrmals in der Woche laufen, um in Form zu bleiben. Sie macht auf einer Strecke von 100 m ca. 120 Schritte.

a) Wie viele Schritte macht sie ca. auf 250 m?

Meter	Anzahl der Schritte
100	120
1	
250	

b) Wie viel Meter legt sie ca. mit 180 Schritten zurück?

Anzahl der Schritte	Meter
120	100
1	
180	

H 2 **6** Trage die Angaben in die Tabelle ein und führe die Rechnung durch! Denke daran, die gesuchte Größe auf die rechte Seite zu schreiben!
Für 15 Sommerkleider werden 42 m Stoff gebraucht.

a) Wie viel Meter Stoff wird für eine Lieferung von 25 dieser Kleider gebraucht?

b) Wie viele Kleider können aus 98 m Stoff hergestellt werden?

H 1 **7** Das Wasserwerk untersucht Wasser und stellt fest, dass in 200 cm³ Wasser 50 mg Kalk enthalten sind.
Wie viel Gramm Kalk sind in 150 l Wasser enthalten? In 150 l Wasser sind ________ g Kalk enthalten.

H 4 **8** Überprüfe, ob eine indirekt proportionale Zuordnung vorliegt. Begründe deine Antwort!

a)

Anzahl der Personen	Tage, für die der Vorrat reicht
4	10
5	8

☐ ja ☐ nein

b)

Anzahl der Teilnehmer	Kosten pro Teilnehmer
3	35
5	19

☐ ja ☐ nein

c)

Grundfläche des Quaders	Höhe des Quaders
(bei festem Volumen)	
25	40
8	125

☐ ja ☐ nein

____

____

H 2 **9** Ergänze die Tabelle so, dass ein indirekt proportionales Verhältnis vorliegt!

a)

Anzahl der Pumpen	Fülldauer in min
4	60
1	
	40
3	

b)

Länge des Rechtecks	Breite des Rechtecks
(bei festem Flächeninhalt)	
4,8	2,5
1	
8	
	6

c)

Geschwindigkeit in km/h	Fahrzeit in h
105	3
	1
	3,5
70	

H 1 **10** Gärtner Grabowsky kann innerhalb von 3 Tagen einen Garten umgraben, wenn er täglich 250 m² schafft. Wenn er nur 225 m² pro Tag schafft, dauert das Umgraben _______ Tage.

H 3 **11** In der Abbildung unten sind Länge und Breite von Rechtecken, die alle den gleichen Flächeninhalt haben, in einem Punktdiagramm dargestellt. Die Punkte sind anschließend durch eine Kurve verbunden worden. Vervollständige mit Hilfe dieser Kurve die Tabelle!

Wie groß ist der Flächeninhalt des Rechtecks? A = ______ cm²

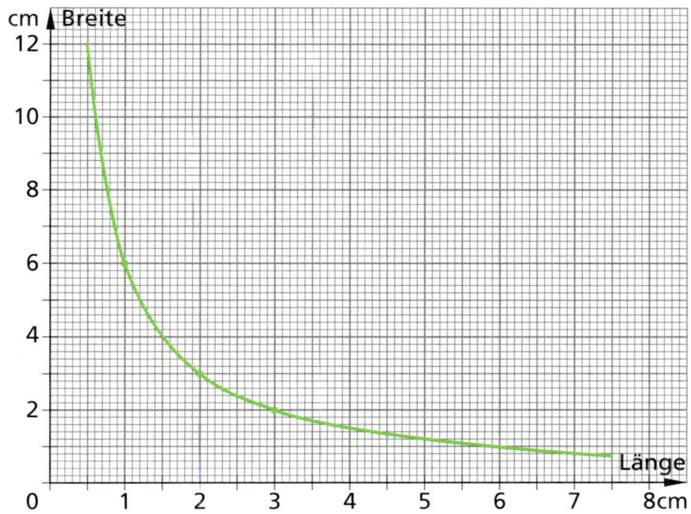

Länge des Rechtecks in cm	Breite des Rechtecks in cm
0,5	
1	
2	
3	
6	
	4
	10

H 2 **12** Wenn **25** Schülerinnen und Schüler an einer Exkursion teilnehmen, muss jede bzw. jeder **24 €** bezahlen.

a) Wegen Erkrankung kann ein Schüler nicht mitfahren. Wie teuer ist der Ausflug jetzt pro Teilnehmer bzw. Teilnehmerin?

Mitfahrende	Preis in €
25	24
1	
24	

b) Wie viele Schülerinnen und Schüler fahren mit, wenn jeder **30 €** bezahlt hat?

Preis in €	Mitfahrende
24	25
1	
30	

H 2 **13** Trage die Angaben in die Tabelle ein und führe die Rechnungen durch! Denk daran, die gesuchte Größe auf die rechte Seite zu schreiben!
Der Ölvorrat von Familie Frostig reicht **300** Tage, wenn die tägliche Brenndauer des Ölofens **12 h** beträgt.

a) Wie lange reicht der Vorrat bei einer täglichen Brenndauer von **15 h**?

b) Der Ölvorrat reicht nur **200** Tage. Wie lang war die tägliche Brenndauer?

H 3 **14** Überlege, ob die Größen direkt oder indirekt proportional sind und unterstreiche die Zahl in der richtigen Spalte. Wenn du alles richtig gemacht hast, stimmt die Summe der unterstrichenen Zahlen mit der unten angegebenen Zahl überein!

direkt	indirekt	
8	5	Milchmenge – daraus gewonnene Butter
16	14	Schrittlänge – Anzahl der Schritte auf 100 m
21	25	Anzahl der Tiere – Anzahl der Tage, die eine bestimmte Futtermenge reicht
18	9	Geschwindigkeit – Fahrzeit
13	7	Länge des Schulweges – Gehzeit
17	12	Warenmenge – Preis
86		

H 1 **15** Nora legt mit ihrem Pferd Speedy in 3 h 30 min einen Weg von ca. 28 km zurück.

a) In 5 h kommt sie ca. ______________ km weit.

b) Für einen Weg von 48 km braucht sie ca. __________ h.

H 1 **16** Ein Flugzeug des Typs DC 10 fliegt in einer Stunde durchschnittlich 900 km.

Für eine 2475 km lange Strecke benötigt es ca. _______ h _______ min.

H 1 **17** Ein LKW mit Anhänger braucht bei einer mittleren Geschwindigkeit von 70 km/h von Wien nach Leoben 2 h 15 min. Auf der Rückfahrt kann er wegen Schlechtwetters nur mit durchschnittlich 50 km/h fahren.

Für die Rückfahrt braucht er _______ h _______ min.

H 1 **18** Ein Schnellzug legt in 3 h 20 min eine Strecke von 240 km zurück.

a) Die mittlere Geschwindigkeit des Zuges ist

1) __________ km/min, **2)** __________ km/h.

b) Wie weit kommt er in 4 h 10 min? ______________ km

c) Wie lange braucht er für eine Strecke von 414 km? _______ h _______ min

H 2 **19** Rechne die Geschwindigkeit der schnellsten Tiere der Welt in m/s um (1 Dez)!

Tier	Geschwindigkeit in km/h	Geschwindigkeit in m/s
Wanderfalke (Sturzflug)	322	
Taube	160	
Gepard	110	
Schwertwal	90	
Strauß	72	
Windhund	70	
Libelle	50	

88,6 T	89,4 R	90,4 B
44,4 E	46,2 U	46,8 I
30,6 K	31,1 T	32,0 E
24,0 E	24,5 S	25,0 O
19,6 G	20,0 R	20,5 T
19,4 D	19,5 Z	19,8 U
13,6 N	13,8 M	13,9 E

Lösungswort: _ _ _ _ _ _ _

H 1 **20** Ein Radfahrer fährt mit einer Durchschnittsgeschwindigkeit von 18 km/h und erreicht sein Ziel in $4\frac{1}{2}$ Stunden. Mit welcher Geschwindigkeit müsste ein Auto fahren, um dieselbe Strecke in 45 min zurückzulegen?

________________________ km/h

H 1 **21** Zur Geschwindigkeitskontrolle auf besonders gefährlichen Straßenabschnitten wie zB dem Ehrentalerbergtunnel in Kärnten (Länge 3,4 km) auf der A2 wurde die Section Control entwickelt. Dabei wird das Fahrzeug bei der Ein- und Ausfahrt in den Überwachungsabschnitt aufgenommen und der Zeitpunkt festgehalten; ein Computer berechnet dann die Durchschnittsgeschwindigkeit des Fahrzeuges.

a) Wie viel Zeit (in Sekunden) muss ein PKW für die 3,4 km lange Strecke mindestens benötigen, wenn eine Höchstgeschwindigkeit von 80 km/h erlaubt ist?

______________ s

b) Wie lange braucht ein LKW für diese Strecke, wenn er mit 60 km/h fährt?

______________ s

c) Herr Schnell durchfährt zwei Kilometer des Kontrollabschnitts mit 110 km/h, die restliche Strecke mit 60 km/h. Wird er eine Anzeige wegen Überschreitung der Höchstgeschwindigkeit von 80 km/h erhalten?

____

H 3 **22** Überlege vor dem Rechnen, ob ein direktes oder indirektes Verhältnis vorliegt! Wenn du die Aufgaben richtig zugeordnet hast, ergeben die Buchstaben in der entsprechenden Spalte ein Lösungswort! Vervollständige jeweils auch die Antwort!

		direkt	indirekt
1)	Beim Rösten verliert der Rohkaffee durch Verdampfen von Wasser an Gewicht. Aus 5 kg Rohkaffee erhält man 4,2 kg Kaffee. Bei einer Lieferung von 15 t Rohkaffee kann man mit ______ kg Kaffee rechnen.	S	R
2)	Ein Bauer lässt sein Erdbeerfeld abernten. 6 Pflücker schaffen das in 7 Stunden. Leider sind aber zwei der Pflücker erkrankt. Das Pflücken dauert jetzt ________.	E	P
3)	Ein Kriminalroman hat 300 Seiten mit je 75 Zeilen. Der Verlag möchte das Buch mit 250 Seiten neu auflegen. Nun müssen sich auf jeder Seite ________ Zeilen befinden.	I	O
4)	Marlene verschickt zu Weihnachten Pakete mit gleichem Inhalt an ihre Freundinnen. Gestern hat sie 5 Pakete mit einem Gesamtgewicht von 6,25 kg verschickt. 7 Pakete dieser Art wiegen ________.	T	S
5)	Die Sekretärin Rosa Richtig schafft auf ihrem Computer 140 Anschläge in der Minute. Für ein Schreiben ihres Chefs braucht sie 9 min. Ihr Kollege Holger Hurtig schafft 180 Anschläge pro Minute. Holger Hurtig würde für das gleiche Schreiben __________ brauchen.	W	T
6)	Herr Grün tankt 28 l Benzin um 40,60 €. Bei dieser Tankstelle kosten 36 l _______.	D	A
7)	Frau Kletter wandert gerne. Sie hat in 5 h einen Weg von 22 km zurückgelegt. Bis zum Ziel sind es noch 9,9 km. Sie braucht noch ________.	R	N
8)	Mit einer Tankfüllung von 60 l kann ein LKW 500 km weit fahren. Wenn insgesamt 850 km zurückgelegt werden müssen, braucht er noch ________.	O	D
9)	Der Futtervorrat reicht für 6 Schweine noch genau 6 Wochen. Bauer Kuttner verkauft nach 2 Wochen drei seiner Schweine. Der Vorrat reicht jetzt noch ____________.	K	S
10)	4 Arbeiter brauchen für die Erneuerung einer Straßendecke 14 Tage. Die Straße muss aber 6 Tage früher fertig sein. Damit die Straße zeitgerecht fertig ist, muss das Straßenbauunternehmen zusätzlich noch ______ Arbeiter beschäftigen.	U	S
11)	Frau Silber möchte neue Vorhänge nähen. Bei einer Stoffbreite von 80 cm braucht sie 16,5 m. Im Geschäft entscheidet sie sich für einen schöneren Stoff, der 1,20 m breit ist. Frau Silber braucht jetzt ________ Stoff.	G	E
12)	Die Sandkiste im Garten von Familie Brem hat eine Grundfläche von 1,2 m^2 und ist 40 cm hoch mit Sand gefüllt. Familie Brem überlegt, eine mit 1,5 m^2 Grundfläche anzuschaffen. Die gleiche Menge Sand ist in der neuen Sandkiste __________ hoch.	E	L

Lösungswort: _ _ _ _ _ _ _ _ _ _ _ _

Wähle zum Füllen der Lücken aus den rechts stehenden Wörtern die passenden aus!
Verbinde die Zahlen im Lösungsbild in der Reihenfolge der Lücken!

Direkte Proportionalität

Zwei __________ sind direkt proportional, wenn dem 2fachen (3-, 4fachen...) Wert der einen Größe das __________ (3-, 4fache...) der anderen Größe entspricht. Der __________ (dem Drittel, Viertel...) der einen Größe entspricht dann die Hälfte (ein Drittel, Viertel...) der __________ Größe.

Beispiel: zehnfache Menge ➔ __________ Preis; _______ Menge ➔ halber Preis

Menge und __________ stehen im __________ proportionalen Verhältnis.

Indirekte Proportionalität

Zwei Größen sind __________ proportional, wenn dem 2fachen (3-, 4fachen...) Wert der einen Größe die Hälfte (ein Drittel, ein _______...) der anderen Größe entspricht.

Der Hälfte (dem __________, dem Viertel...) der einen Größe entspricht dann das 2fache (3fache, _______...) der anderen Größe.

Beispiel: Rechtecke mit gleich großem Flächeninhalt

__________ Länge ➔ ein Drittel der Breite; halbe Länge ➔ __________ Breite

Länge und _______ stehen bei Rechtecken mit gleich großem Flächeninhalt im indirekt __________ Verhältnis.

Lösen von Textaufgaben zur Schlussrechnung

Überlege zuerst, ob ein direkt oder indirekt proportionales __________ vorliegt! Du kannst die __________ in Tabellenform aufschreiben. In die erste Zeile der __________ kommt die __________ aus dem Text. Dabei schreiben wir die __________ Größe immer auf die _______ Seite.

Bei einem direkt proportionalen Verhältnis musst du in der rechten und linken Spalte immer die gleiche Multiplikation bzw. __________ durchführen. Liegt ein indirekt proportionales Verhältnis vor, musst du in der rechten Spalte dividieren, wenn du in der _______ Spalte multiplizierst und umgekehrt.

Führe vor dem Berechnen immer eine __________ oder Überschlagsrechnung durch!

- anderen 6
- Angabe 28
- Breite 3
- direkt 14
- Division 19
- doppelte 21
- dreifache 8
- Drittel 24
- entspricht 9
- gesuchte 15
- Größen 4
- halbe 27
- Hälfte 12
- indirekt 17
- linken 10
- multipliziert 23
- Preis 5
- proportionalen 20
- rechte 25
- Schätzung 7
- Schlussrechnung 11
- Tabelle 16
- Verhältnis 1
- Viertel 22
- zehnfacher 2
- 2fache 18
- 5fache 26
- 4fache 13

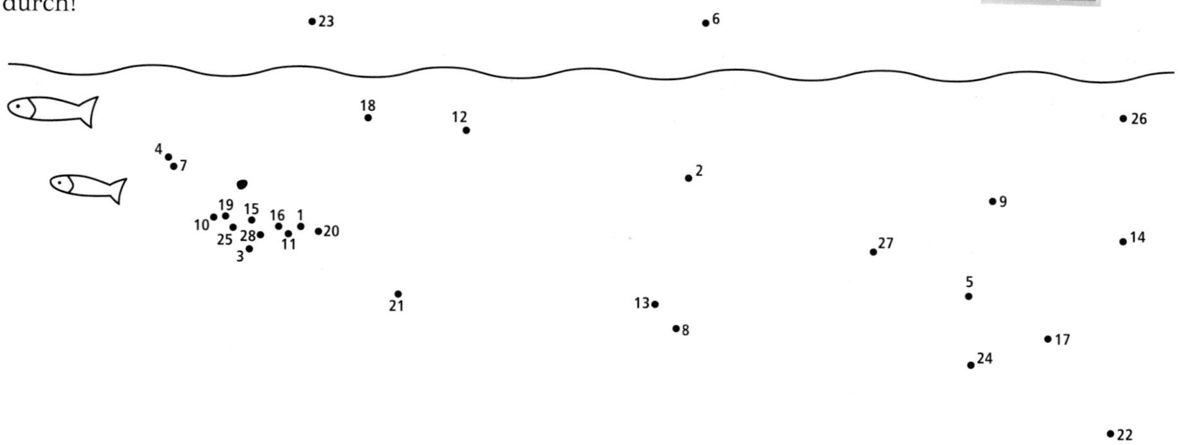

H 1 **1** Schreibe die Prozentangabe als Bruch und als Dezimalzahl!

Prozent	1 %	4 %	5 %	10 %	20 %	25 %	30 %	50 %	70 %	75 %	80 %	120 %
Bruch	$\frac{1}{100}$											
Dezimalzahl	0,01											

H 1 **2** Schreibe die Dezimalzahl als Bruch und als Prozentangabe!

Dezimalzahl	0,06	0,3	0,15	0,24	0,37	0,4	0,46	0,55	0,08	0,12	2,0	0,125
Bruch	$\frac{6}{100} = \frac{3}{50}$											
Prozent	6 %											

H 1 **3** Schreibe den Bruch als Dezimalzahl und als Prozentangabe!

Bruch	$\frac{7}{10}$	$\frac{19}{100}$	$\frac{9}{50}$	$\frac{3}{20}$	$\frac{2}{25}$	$\frac{3}{4}$	$\frac{2}{5}$	$\frac{7}{2}$	$\frac{77}{100}$	$\frac{9}{10}$	$\frac{1}{4}$	$\frac{14}{25}$
Dezimalzahl	0,7											
Prozent	70 %											

H 1 **4** Vervollständige die „Umrechnungstabelle"!

Prozent	10 %				$33\frac{1}{3}$ %	28 %	45 %					
Bruch	$\frac{10}{100} = \frac{1}{10}$	$\frac{17}{68}$		$\frac{8}{40}$					$\frac{1}{8}$		$\frac{21}{140}$	
Dezimalzahl	0,1		0,18					0,75		1,2		0,8

H 1 **5** Schreibe den gefärbten Teil als Bruch und als Prozentangabe!

a) 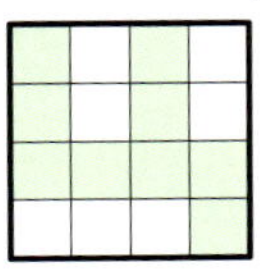

b) 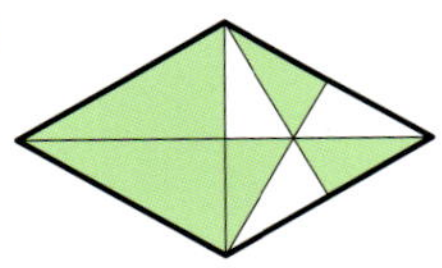

c) 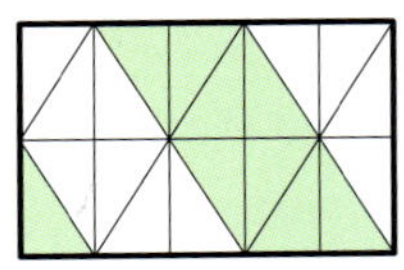

H 3 **6** Was ist hier der Grundwert G, der Prozentsatz p % und der Prozentanteil A?

a) 25 % von 500 € sind 125 €. G = , p = , A =

b) 75 € sind 50 % von 150 €. G = , p = , A =

c) Von 60 Lehrkräften sind 36 Frauen, das sind 60 %. G = , p = , A =

d) Ein Betrieb hat 480 Mitarbeiter; 45 % davon sind 216 Personen. G = , p = , A =

H 3 **7** Kreuze an, welche Größe gesucht ist und berechne sie!

a) 40 % von 180 kg ____________ Gesucht: Grundwert Prozentsatz Anteil

b) 750 m von 1 km ____________ Gesucht: Grundwert Prozentsatz Anteil

c) 20 % von ____________ sind 15 € Gesucht: Grundwert Prozentsatz Anteil

d) 30 kg sind 75 % ____________ Gesucht: Grundwert Prozentsatz Anteil

e) 65 % von 1000 Stück ____________ Gesucht: Grundwert Prozentsatz Anteil

f) 24 min von 1 h ____________ Gesucht: Grundwert Prozentsatz Anteil

g) 120 m² sind 30 % ____________ Gesucht: Grundwert Prozentsatz Anteil

h) 85 dag von 1 kg ____________ Gesucht: Grundwert Prozentsatz Anteil

i) 70 % von 40 l ____________ Gesucht: Grundwert Prozentsatz Anteil

H2 8 Ordne jeder Rechnung die richtige Lösung zu! Wenn du richtig gerechnet hast, erhältst du einen englischen Tiernamen als Lösungswort!

a) 75 % von 640 = ____ **c)** 42 % von 500 = ____ **e)** 60 % von 120 = ____

b) 12 % von 350 = ____ **d)** 35 % von 480 = ____ **f)** 5 % von 120 = ____

6	Y	42	O
72	E	168	K
210	N	480	D

Lösungswort: _ _ _ _ _ _

H2 9 Berechne jeweils den Prozentsatz p %!

Beispiel:

€	%
65	100
1	$\frac{100}{65} = \frac{20}{13}$
26	$\frac{20}{13} \cdot 26 = 20 \cdot 2 = 40$

a)

km	%
16	100
1	
12	

b)

Anzahl	%
520	100
1	
442	

c)

kg	%
750	100
1	
135	

H2 10 Berechne jeweils den Grundwert G!

a)

%	€
18	27
1	
100	

b)

%	kg
40	32
1	
100	

c)

%	€
120	216
1	
100	

H2 11 Berechne im Kopf!

a) 50 % von 750 € sind ________ **d)** 1,5 € sind ______ % von 6 € **g)** 75 % von ________ sind 360 €

b) 4 % von 150 m sind ________ **e)** 15 min sind ______ % von 1 h **h)** 70 % von ________ sind 1 050 m

c) 20 % von 1 h sind ________ **f)** 550 g sind ______ % von 1 kg **i)** 30 % von ________ sind 18 min

H2 12 Berechne die fehlenden Werte in der Tabelle!

	a)	b)	c)	d)	e)	f)	g)	h)	i)	j)
Grundwert	80 kg		75 €	14 t	1 cm		75 m	5 km	72 kg	45 €
Prozentsatz	25 %	10 %		7 %		75 %			70 %	14 %
Anteil		400 m	45 €		2 mm	36 km	54 m	200 m		

H2 13 Berechne die fehlenden Werte in der Tabelle!

	a)	b)	c)	d)	e)	f)	g)	h)
alter Preis	98 €	230 €		45 €		160 €	260 €	
Preisänderung	−15 %		+ 8 %	−10 %	+ 20 %		+ 5 %	−25 %
neuer Preis		276 €	702 €		138 €	128 €		36 €

H2 14 Bei einer Mathematikschularbeit gibt es maximal 48 Punkte zu erreichen. Ab 44 Punkten bekommt man ein Sehr gut. Leo hat 87,5 % der Gesamtpunkte erreicht.

Bekommt er ein Sehr gut? ______________________________

H2 15 In einer Fabrik arbeiten 182 Frauen, das sind 26 % der Beschäftigten.

In der Fabrik arbeiten insgesamt ________ Personen.

Das ist Mathematik 2

Arbeitsheft Lösungen

EINSTIEGSTEST
(Seite 3)

1) 1) 11 297 Personen 2) 4 103 Restkarten 3) 267 030 €

2) 16 Buben mit durchschnittlich 4,50 € Taschengeld

3) zB:

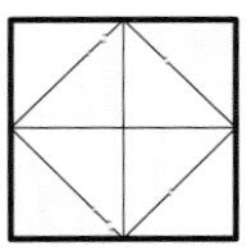

4) a) 4,2 + 3,5 · 2,8 – 2,1 = 11,9
(4,2 + 3,5) · (2,8 – 2,1) = 5,39
4,2 + 3,5 · (2,8 – 2,1) = 6,65

b) 44,2 – 3,4 · 1,8 + 5,3 = 43,38
(44,2 – 3,4) · (1,8 + 5,3) = 289,68
44,2 – 3,4 · (1,8 + 5,3) = 20,06

5) a) Herr Zwirn muss 585,5 m Stoff bestellen. b) 117 Anzüge

6) a) x = 107; y = 37; b = 70 b) x – 56 = 29; x = 85

7) a) u = 960 m b) A = 46100 m² = 4 ha 61 a
c) K: 280 m → 14 cm, 90 m → 4,5 cm; 110 m = 5,5 cm, 190 m → 9,5 cm
d) $\overline{PQ}$ ≈ 13,8 cm → 276 m

8)

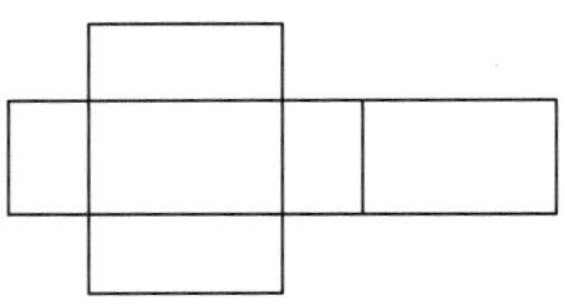

9) a) $A_{Boden + Wände}$ = 148,8 m² = 14 880 dm² A_{Fliese} = 1 600 cm² = 16 dm²
14 880 : 16 = 930 Man braucht mindestens 930 Fliesen.
b) Wasserhöhe ≈ 1,1 m

A WIEDERHOLUNG UND VERTIEFUNG

1 Mathematik macht Spaß 2 Die vier Grundrechnungsarten
(Seite 4)

1) Im Garten blühen 14 rote, 1 gelbe und 1 blaue Blume.

2) 30 trinken nur Kaffee, 23 nur Tee und 46 beides.
Summe: 99 Personen ≠ 100 Personen

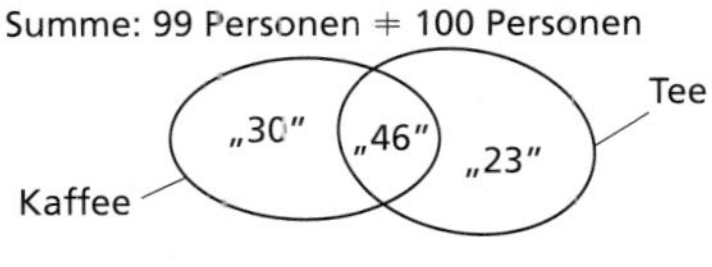

3) Es sind 1 Großmutter, 1 Mutter und 1 Tochter.

4) In der Schüssel ist eine ungerade Anzahl von Eiern zB: 7 Eier, die Hälfte ist 3,5 Eier, dh: Man nimmt 4 Eier $\left(3\frac{1}{2}\text{ Eier} + \frac{1}{2}\text{ Ei} = 4\text{ Eier}\right)$.

5) a) mit 100; mit 0,1; mit 0,01 b) durch 100; durch 0,1; durch 0,001

6) richtig: **A**, **B**; falsch: **C** (0,266), **D** (25,76 : 9,2 = 2,8; 2,8 : 0,8 = 3,5)
Lösungswort: WELS

7) Die 7 Damen werden mit den Buchstaben A–G bezeichnet.

		A	B	C	D	E	F	G
	ohne „Geburtstagskinder"	30 €	30 €	30 €	30 €	30 €	30 €	30 €
1)	A hat Geburtstag; 30 € von A: 30 € : 6 = 5 €	0 €	35 €	35 €	35 €	35 €	35 €	35 €
2)	A und B haben Geburtstag; 60 € von A + B: 60 € : 5 = 12 €	0 €	0 €	42 €	42 €	42 €	42 €	42 €
3)	A und B haben Geburtstag; 30 € von A: 30 € : 6 = 5 € 30 € von B: 30 € : 6 = 5 €	5 €	5 €	40 €	40 €	40 €	40 €	40 €

30 € · 7 = 210 €; 35 € · 6 = 210 €; 42 € · 5 = 210 €; 40 € · 5 + 5 € · 2 = 210 €

3 Mittelwert – Graphische Darstellungen
(Seite 5)

8) Mittelwert: 1 829,24 €; größer sind: 2 064,16 €; 2 195,48 €;
kleiner sind: 1 598,37 €; 1 627,32 €; 1 686,17 €; 1 803,94 €

9) 1) 2 h 06 min 2) 10:51 Uhr 3) 2 h 30 min

10) 1)

Jahr	Unfalltote	Jahr	Unfalltote	Jahr	Unfalltote
1976	2 120	1989	1 560	2003	920
1979	2 120	1993	1 280	2006	720
1983	1 960	1996	1 040	2009	640
1986	1 480	1999	1 080		

2) Die Anzahl der Verkehrstoten geht erfreulicherweise zurück.

11) 1)

Bundesland	verletzt	gerundet	2)
Burgenland	62	60	die wenigsten
Kärnten	258	260	
Niederösterreich	514	510	
Oberösterreich	695	700	die meisten
Salzburg	237	240	
Steiermark	420	420	
Tirol	358	360	
Vorarlberg	187	190	
Wien	451	450	

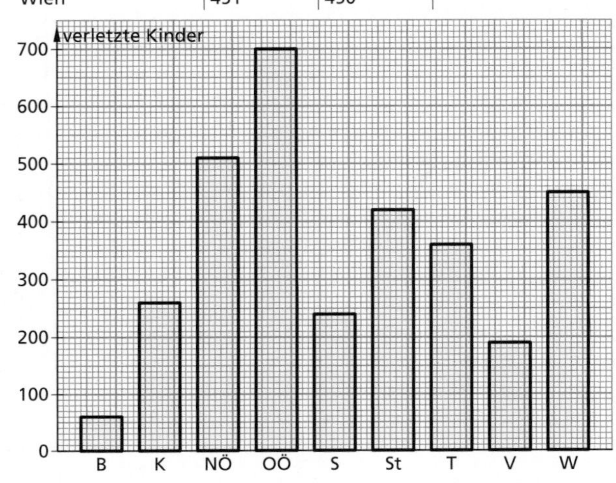

3) Nicht unbedingt. In einem Bundesland mit mehr Einwohnern können auch mehr Unfälle passieren, aber auch das ist nicht zwingend. Oberösterreich ist nicht das Bundesland mit den meisten Einwohnern, aber das mit den meisten verletzten Kindern.

B TEILBARKEIT NATÜRLICHER ZAHLEN

1 Teiler 2 Teilbarkeitsregeln
(Seite 6,7)

1) T_{360} = {1, 2, 3, 4, 5, 6, 8, 9, 10, 12, 15, 18, 20, 24, 30, 36, 40, 45, 60, 72, 90, 120, 180, 360}

2) a) T_{72} = {1, 2, 3, 4, 6, 8, 9, 12, 18, 24, 36, 72}
b) V_{13} = {13, 26, 39, 52, 65, 78, 91}

3) 1) 1001
2) durch 1, 7, 11, 13, 77, 91, 143 und 1001
3) Die Ziffernfolge von 1001 bringt es mit sich, dass das Ergebnis der Multiplikation dieser Zahl mit einer 3-stelligen Zahl diese 3-stellige Zahl zweimal hintereinander zeigt.

4) 1) T_{496} = {1, 2, 4, 8, 16, 31, 62, 124, 248, 496}
2) Summe aller Teiler (außer 496): 496

5)

Personen	1	2	4	13	26	52
Spielkarten	52	26	15	4	2	1

6)

Personen in einer Reihe	1	2	3	6	7	14	21	42
Reihen	42	21	14	7	6	3	2	1

7) durch 3 teilbar: 504, 513, 735, 831;
durch 5 teilbar: 425, 725, 735;
durch 3 und 5 teilbar: 735

8) Keine Teiler von 504 sind: 5, 10, 11
Begründung:
5, weil 504 weder 0 noch 5 an der Einerstelle hat
10, weil 504 nicht 0 an der Einerstelle hat
11, weil 504 : 11 = 45, Rest 9, nicht ohne Rest teilbar ist

9) Ziffernsumme von 7247 ist 20; 3 teilt nicht 20;
geänderte Zahlen: 7047, 7347, 7647, 7947

10)

Eine Zahl ist	**wenn**
durch 2 teilbar,	an ihrer Einerstelle 0, 2, 4, 6 oder 8 steht.
durch 3 teilbar,	ihre Ziffernsumme durch 3 teilbar ist.
durch 4 teilbar,	die aus Zehner- und Einerstelle gebildete Zahl durch 4 teilbar ist.
durch 5 teilbar,	an ihrer Einerstelle 0 oder 5 steht.
durch 6 teilbar,	sie durch 2 und 3 teilbar ist.
durch 9 teilbar,	ihre Ziffernsumme durch 9 teilbar ist.
durch 10 teilbar,	an ihrer Einerstelle 0 steht.
durch 12 teilbar,	sie durch 3 und 4 teilbar ist.

Lösungswort: TEILER

11) a) Wird eine Zahl von 2 und 3 geteilt, dann teilt auch 6 diese Zahl.
➔ daher teilt 3 die Zahl.
b) Gegenbeispiel: $3 \mid 9$, aber $6 \nmid 9$

12) 1: unechter Teiler
2: Einerstelle 0
3: Ziffernsumme 9
4: $4 \mid 20$
5: Einerstelle 0
6: teilbar durch 2 und 3
7: 2520 : 7 = 360
8: 520 : 8 = 65
9: Ziffernsumme 9
10: Einerstelle 0

13) $2 \nmid 215$, weil an der Einerstelle 5
$3 \nmid 491$, weil Ziffernsumme 14
$4 \mid 196$, weil 96 : 4 = 24
$5 \mid 785$, weil an der Einerstelle 5
$6 \nmid 218$, weil $3 \nmid 218$
$9 \nmid 430$, weil Ziffernsumme 7
$12 \nmid 322$, weil weder 3 noch 4 teilt 322
Lösungswort: SAALACH

14) a) durch 15 teilbar: 210, 225, 240, 255, 270, 285, 300, 315, 330, 345
b) durch 12 teilbar: 204, 216, 228, 240, 252, 264, 276, 288, 300, 312, 324, 336, 348

15) 10008

3 Primzahlen
(Seite 8)

16) a) 36 = 2 · 2 · 3 · 3 b) 39 = 3 · 13 c) 47 = 47 d) 128 = 2 · 2 · 2 · 2 · 2 · 2 · 2

17) 3780 = 2 · 2 · 3 · 3 · 3 · 5 · 7

18) 1) (eingekreiste Zahlen fett)

1	**2**	**3**	4	**5**	6	**7**	8	9	10
11	12	**13**	14	15	16	**17**	18	**19**	20
21	22	**23**	24	25	26	27	28	**29**	30
31	32	33	34	35	36	**37**	38	39	40
41	42	**43**	44	45	46	**47**	48	49	50
51	52	**53**	54	55	56	57	58	**59**	60
61	62	63	64	65	66	**67**	68	69	70
71	72	**73**	74	75	76	77	78	**79**	80
81	82	**83**	84	85	86	87	88	**89**	90
91	92	93	94	95	96	**97**	98	99	100

2) Längste Reihe: von 90 bis 96
3) 3 und 5, 11 und 13 , 29 und 31, 59 und 61
5 und 7, 17 und 19, 41 und 43, 71 und 73

19) 127 ist eine Primzahl. 127 ist nicht teilbar durch 2, 3, 5, 7, 11 und 13. Es genügt bis zur Primzahl 13 zu rechnen, weil 11 · 11 = 121 < 127, 13 · 13 = 169 aber bereits > 127 ist.

20) 2 · 2 · 2 · 2 · 2 – 1 = 32 – 1 = 31

21) Zwei- und mehrstellige Primzahlen können an der Einerstelle keine Ziffer 0, 2, 4, 5, 6 und 8 haben.
Begründung:
Wenn Zahlen 0, 2, 4, 6 oder 8 an der Einerstelle haben, sind sie durch 2 teilbar. Wenn 5 an der Einstelle steht, sind sie durch 5 teilbar.

22) ZB: 4 = 2 + 2
6 = 3 + 3
8 = 5 + 3
10 = 7 + 3
12 = 7 + 5
14 = 7 + 7
16 = 13 + 3
18 = 13 + 5
20 = 13 + 7
22 = 17 + 5
24 = 17 + 7
26 = 19 + 7
28 = 23 + 5
30 = 23 + 7
32 = 29 + 3
34 = 29 + 5
36 = 29 + 7
38 = 31 + 7
40 = 37 + 3

23) Melanie: 16 Jahre, Florian: 11 Jahre

4 Größter gemeinsamer Teiler
5 Kleinstes gemeinsames Vielfaches
(Seite 9)

24) 1) T_{36} = {1, 2, 3, 4, 6, 9, 12, 18, 36}; T_{54} = {1, 2, 3, 6, 9, 18, 27, 54}
2) $T_{36} \cap T_{54}$ = {1, 2, 3, 6, 9, 18}
3) ggT(36, 54) = 18
4)

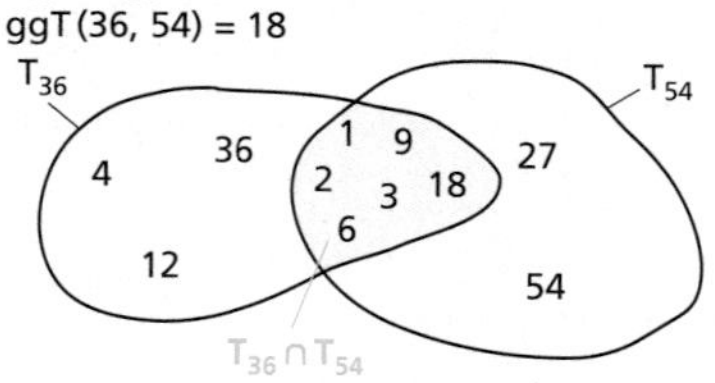

25) Fliesen mit den Kantenlängen: 1 cm, 2 cm, 3 cm, 5 cm, 6 cm, 10 cm, 15 cm und 30 cm

26) 4 dm

27) 1) V_{12} = {12, 24, 36, 48, 60, 72, 84, 96}; V_{18} = {18, 36, 54, 72, 80, 98}
2) $V_{12} \cap V_{18}$ = {36, 72}
3) kgV(12, 18) = 36
4)

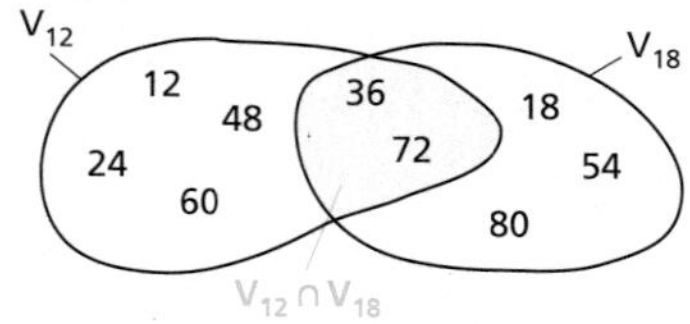

28) ggT(8, 12, 20) = 4 kgV(8, 12, 20) = 120

29) nach 12 Wochen

30) Um 8:04 Uhr kommen die Züge aus beiden Richtungen gleichzeitig an.

Merkenswertes – Teilbarkeit natürlicher Zahlen
(Seite 10)

Teiler und Vielfache

Die Zahl t ist Teiler der Zahl a, wenn a durch t ohne Rest teilbar ist.
Ist die Zahl t ein Teiler der Zahl a, dann ist a ein Vielfaches der Zahl t.
1 und a nennt man unechte Teiler der Zahl a; die übrigen Teiler heißen echte Teiler von a.

Der ggT zweier oder mehrerer Zahlen teilt nicht nur jede dieser Zahlen, sondern er ist unter den gemeinsamen Teilern der größte.
Das kgV zweier oder mehrerer Zahlen ist nicht nur Vielfaches jeder dieser Zahlen, sondern es ist unter den gemeinsamen Vielfachen das kleinste.

Teilbarkeitsregeln

Ist die Zahl t Teiler zweier Zahlen a und b, dann ist t auch Teiler der Summe a + b und der Differenz a – b dieser Zahlen.
Teilt die Zahl t die Zahl a, dann teilt t auch jedes Vielfache dieser Zahl a.

Ob eine Zahl durch 2, 5 oder 10 teilbar ist, ist nur von der Einerstelle abhängig.
Ob eine Zahl durch 3 oder 9 teilbar ist, ist nur von der Ziffernsumme abhängig.

Primzahlen

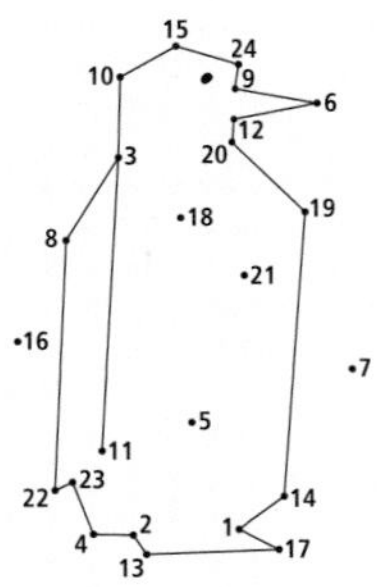

Natürliche Zahlen (> 1), die nur unechte Teiler haben, heißen Primzahlen.
1 ist keine Primzahl.
Wenn eine Zahl auch echte Teiler hat, spricht man von einer zusammengesetzten Zahl.
Es gibt unendlich viele Primzahlen.

Jede Zahl ist als Produkt von Primzahlen schreibbar und diese Primfaktorenzerlegung ist bis auf die Reihenfolge eindeutig.

C BRÜCHE UND BRUCHZAHLEN

1 Bruch als Teil eines Ganzen 2 Bruch als Rechenbefehl
(Seite 11)

1)

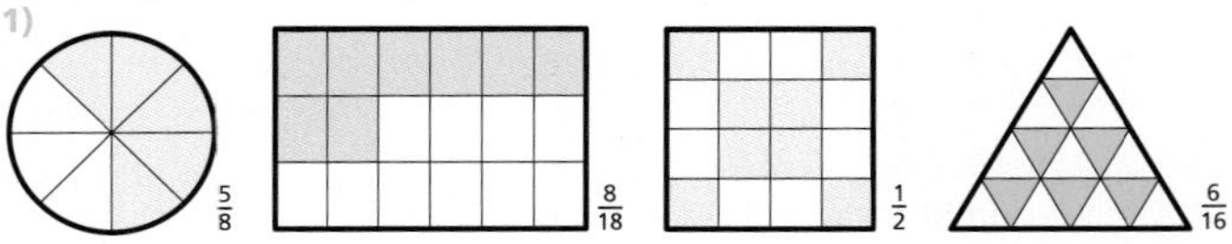

2) a) $\alpha = 90°$ b) $\alpha = 60°$ c) $\alpha = 45°$

3)

4) $\frac{7}{10}$ kg = 70 dag; $\frac{3}{4}$ kg = 75 dag; $\frac{3}{5}$ kg = 60 dag; $\frac{1}{2}$ kg = 50 dag

5) $1\frac{2}{3} = \frac{5}{3}$ $2\frac{3}{4} = \frac{11}{4}$ $4\frac{1}{5} = \frac{21}{5}$ $7\frac{3}{8} = \frac{59}{8}$

6) 1) $\frac{7}{10}$ 2) $\frac{3}{10}$

7) 1) 18 Stücke 2) 20 Stücke 3) 15 Stücke

8) a) $\frac{1}{4}$ von 20 km sind 5 km
b) $\frac{3}{5}$ von 20 km sind 12 km
c) $1\frac{1}{2}$ von 20 km sind 30 km

9) a) 12 € sind $\frac{1}{3}$ von 36 €
b) 12 € sind $\frac{2}{3}$ von 18 €
c) 12 € sind $1\frac{1}{3}$ von 9 €

3 Bruch als angezeigte Division
4 Bruchzahlen auf dem Zahlenstrahl
(Seite 12)

10) $\frac{1}{2} = 0,5$ $\frac{2}{3} = 0,\overline{6}$ $\frac{3}{4} = 0,75$ $1\frac{1}{4} = 1,25$ $\frac{3}{5} = 0,6$
$\frac{2}{6} = 0,\overline{3}$ $\frac{3}{8} = 0,375$ $\frac{7}{10} = 0,7$ $1\frac{3}{10} = 1,3$ $\frac{4}{20} = 0,2$

11) $0,4 = \frac{4}{10}$ $0,40 = \frac{40}{100}$ $0,04 = \frac{4}{100}$
$0,400 = \frac{400}{1000}$ $0,040 = \frac{40}{1000}$ $0,004 = \frac{4}{1000}$

12) ZB: a) $\frac{1}{2}, \frac{2}{4}, \frac{3}{6}$ b) $\frac{14}{10}, \frac{7}{5}, \frac{28}{20}$ c) $\frac{4}{2}, \frac{6}{3}, \frac{8}{4}$

13)

endlich	periodisch	gemischt periodisch
$\frac{1}{2} = 0,5$; $\frac{1}{4} = 0,25$; $\frac{1}{5} = 0,2$; $\frac{1}{8} = 0,125$; $\frac{1}{10} = 0,1$	$\frac{1}{3} = 0,\overline{3}$; $\frac{1}{7} = 0,\overline{142857}$; $\frac{1}{9} = 0,\overline{1}$	$\frac{1}{6} = 0,1\overline{6}$

14)

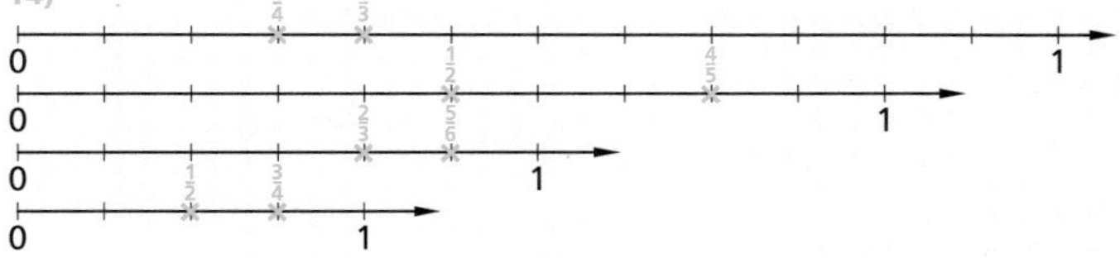

15)

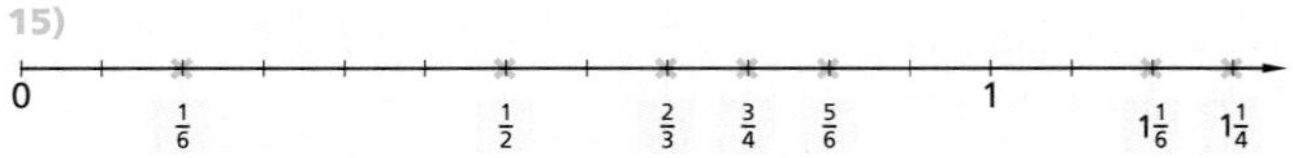

16) 0,3; $\frac{30}{100}$; 0,30; $\frac{3}{10}$; $\frac{6}{20}$

17) $0,35 = \frac{35}{100}$ $\frac{3}{8} = \frac{6}{16}$
$\frac{5}{4} = 1,25$ $\frac{12}{9} = \frac{4}{3}$
$\frac{2}{5} = 0,4$ $1,30 = 1\frac{3}{10}$

5 Erweitern von Brüchen 6 Kürzen von Brüchen
(Seite 13)

18) ZB:
a) 1) $\frac{6}{12}, \frac{6}{9}, \frac{6}{8}$ 2) $\frac{12}{24}, \frac{16}{24}, \frac{18}{24}$ 3) $\frac{6}{12}, \frac{8}{12}, \frac{9}{12}$
b) 1) $\frac{21}{28}, \frac{21}{35}, \frac{21}{30}$ 2) $\frac{150}{200}, \frac{120}{200}, \frac{140}{200}$ 3) $\frac{15}{20}, \frac{12}{20}, \frac{14}{20}$
c) 1) $\frac{20}{15}, \frac{20}{120}, \frac{20}{48}$ 2) $\frac{288}{216}, \frac{36}{216}, \frac{90}{216}$ 3) $\frac{16}{12}, \frac{2}{12}, \frac{5}{12}$

19) ZB: a) $\frac{5}{20}, \frac{6}{20}, \frac{7}{20}, \frac{8}{20}, \frac{9}{20}$
b) $\frac{17}{64}, \frac{18}{64}, \frac{19}{64}, \frac{20}{64}, \frac{21}{64}$
c) $\frac{29}{63}, \frac{30}{63}, \frac{31}{64}, \frac{32}{64}, \frac{33}{64}$

20) a) $\frac{9}{13}$ b) $\frac{11}{15}$ c) $\frac{13}{16}$

21) 1) a) nicht kürzbar: $\frac{17}{28}$ b) alle kürzbar c) nicht kürzbar: $\frac{28}{53}$
2) gekürzte Brüche: a) $\frac{9}{16}, \frac{7}{12}, \frac{3}{5}$, –, $\frac{5}{4}, \frac{4}{3}$ b) $\frac{2}{3}, \frac{2}{7}, \frac{6}{5}, \frac{19}{16}, \frac{3}{2}$, 3
c) $\frac{3}{10}, \frac{8}{5}$, 2, –, $\frac{50}{49}, \frac{5}{3}$

22) a) richtig: **B**, **D**; falsch: **A** $\left(\frac{12}{18} = \frac{2}{3}\right)$, **C** $\left(\frac{32}{36} = \frac{8}{9}\right)$; **Lösungswort:** KARL
b) richtig: **A**, **B**; falsch: **C** $\left(\frac{5}{6} = \frac{25}{30}\right)$, **D** $\left(\frac{8}{12} = \frac{24}{36}\right)$; **Lösungswort:** ANNA

23) $\frac{2}{3} = \frac{6}{9} = \frac{24}{36}$ $\frac{12}{8} = \frac{3}{2} = \frac{18}{12}$ $\frac{9}{15} = \frac{3}{5} = \frac{15}{25}$ $\frac{10}{20} = \frac{2}{4} = \frac{20}{40} = \frac{4}{8}$
Lösungswort: DACHSTUBE

24) a) $\frac{24}{36} = \frac{2 \cdot 2 \cdot 2 \cdot 3}{2 \cdot 2 \cdot 3 \cdot 3} = \frac{2}{3}$ c) $\frac{50}{40} = \frac{2 \cdot 5 \cdot 5}{2 \cdot 2 \cdot 2 \cdot 5} = \frac{5}{4}$
b) $\frac{32}{72} = \frac{2 \cdot 2 \cdot 2 \cdot 2 \cdot 2}{2 \cdot 2 \cdot 2 \cdot 3 \cdot 3} = \frac{4}{9}$ d) $\frac{36}{27} = \frac{2 \cdot 2 \cdot 3 \cdot 3}{3 \cdot 3 \cdot 3} = \frac{4}{3}$

7 Vergleichen und Ordnen von Bruchzahlen
8 Brüche zur Angabe von Größen- und Zahlenverhältnissen
(Seite 14, 15)

25) sinnvoll: **A**; zB: $0 \quad \frac{1}{4} < \frac{1}{2} \quad 1$

B, $\frac{1}{4} < \frac{1}{2}$, weil $\frac{1}{4} < \frac{2}{4}$;

D, $\frac{2}{3} > \frac{3}{5}$, weil $\frac{6}{9} > \frac{6}{10}$;

F, $\frac{1}{8} < \frac{1}{4}$, weil 0,125 < 0,25

nicht sinnvoll: **C**, $\frac{3}{5} > \frac{7}{8}$ ist falsch, weil 0,6 < 0,875;

E, $\frac{1}{2} < \frac{2}{5}$ ist falsch, weil 0,5 > 0,4

26) a) $\frac{5}{6} > \frac{2}{3} > \frac{5}{9}$ b) $\frac{3}{5} > \frac{4}{7} > \frac{1}{2}$ c) $1\frac{1}{2} > \frac{7}{5} > \frac{13}{10}$

27) a) $\frac{7}{8} < \frac{8}{9}$, weil $\frac{63}{72} < \frac{64}{72}$ c) $\frac{24}{48} = \frac{4}{8}$, weil $\frac{24}{48} = \frac{1}{2}$ und $\frac{4}{8} = \frac{1}{2}$

b) $\frac{13}{14} < \frac{14}{13}$, weil $\frac{63}{72} < 1$ und $\frac{14}{13} > 1$ d) $1{,}8 > \frac{8}{5}$, weil 1,8 > 1,6

28) 1) 0, 1, 2, 3, 4

2) $\frac{1}{3}, \frac{2}{3}, \frac{3}{3}, \frac{4}{3}, \frac{5}{3}, \frac{6}{3}, \frac{7}{3}, \frac{8}{3}, \frac{9}{3}, \frac{10}{3}, \frac{11}{3}, \frac{12}{3}, \frac{13}{3}$

3) $\frac{36}{8}$

29) 1 : 25 000 heißt: 1 cm ≙ 25 000 cm = 250 m → 14 cm ≙ 3,5 km

30) 2 Jahre nach der Geburt: 2 : 32 → 1 : 16
5 Jahre nach der Geburt: 5 : 35 → 1 : 7
10 Jahre nach der Geburt: 10 : 40 → 1 : 4
20 Jahre nach der Geburt: 20 : 50 → 2 : 5
30 Jahre nach der Geburt: 30 : 60 → 1 : 2
40 Jahre nach der Geburt: 40 : 70 → 4 : 7
50 Jahre nach der Geburt: 50 : 80 → 5 : 8
60 Jahre nach der Geburt: 60 : 90 → 2 : 3

31) 1)

Ramses II.:	0,35 ≙ 3,5 cm;	Karl d. Große:	0,76 ≙ 7,6 cm;
Alexander d. Gr.:	0,53 ≙ 5,3 cm;	Chr. Kolumbus:	0,9 ≙ 9 cm;
Gaius. J. Caesar:	0,59 ≙ 5,9 cm;	Maria Theresia:	0,95 ≙ 9,5 cm;
Jesus Christus:	0,6 ≙ 6 cm;	Kaiser F. Joseph:	0,98 ≙ 9,8 cm

2)

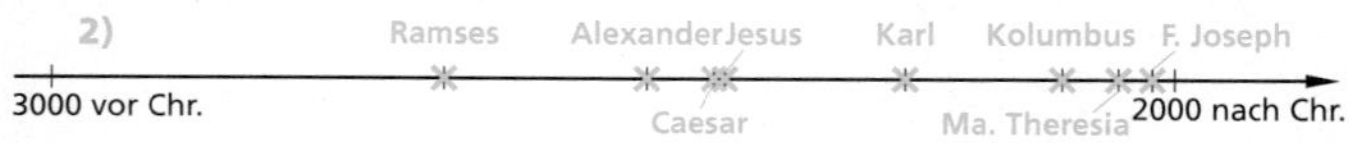

32)

	Breite	Quotient	Rundung
Nördl. Seitenschiff	7,28 m	20,1	20
Mittelschiff	9,71 m	26,9	27
Südl. Seitenschiff	7,19 m	19,9	20
1. – 9. Joch (außer 4.)	7,22 m	20,0	20
4. Joch	9,76 m	27,0	27

9 Brüche zur Angabe von relativen Anteilen und Häufigkeiten
(Seite 15)

33) 0,80; $\frac{8}{10}$; 80 %; $\frac{4}{5}$; 0,800; $\frac{16}{20}$; $0{,}7\overline{9}$

34) a) 60 kg e) 400 000 Wähler
b) 45 000 Personen f) 2,50 €
c) 6 Schüler g) 583 Schülerinnen und Schüler
d) 27 Urlaubstage h) 100 €

35) 1) $\frac{1}{4}$ 2) 0,25 3) 25 %

36) 1) 78 % 2) Kupfer: rund 16 679 kg; Zinn: rund 4704 kg

Merkenswertes – Brüche und Bruchzahlen
(Seite 16)

Brüche können Teile eines Ganzen $\left(\text{zB: } \frac{1}{2}, \frac{2}{3}, \frac{3}{4} \ldots\right)$, Ganze zB: $\left(\frac{2}{2}, \frac{6}{3}, \frac{8}{4} \ldots\right)$ und mehr als ein Ganzes $\left(\text{zB: } \frac{3}{2}, \frac{5}{3}, \frac{7}{4} \ldots\right)$ angeben.
Der Nenner des Bruches gibt an, in wie viele Teile das Ganze geteilt wird. Der Zähler gibt an, wie viele Teile zu nehmen sind. Brüche mit dem Zähler 1 heißen Stammbrüche $\left(\text{zB: } \frac{1}{2}, \frac{1}{3}, \frac{1}{4} \ldots\right)$.

Der Bruchstrich ersetzt das Divisionszeichen $\left(\frac{a}{b} = a : b\right)$. Jede Bruchzahl kann in der Form eines Bruches oder als Dezimalzahl geschrieben werden $\left(\text{zB: } \frac{1}{2} = 0{,}5\right)$.
Dabei gibt es Dezimalzahlen mit endlich vielen Stellen $\left(\text{zB: } \frac{3}{4} = 0{,}75\right)$, periodische Dezimalzahlen $\left(\text{zB: } \frac{1}{3} = 0{,}\overline{3}\right)$ bzw. gemischt periodische Dezimalzahlen $\left(\text{zB: } \frac{1}{6} = 0{,}1\overline{6}\right)$.

Bruchzahlen können wie die natürlichen Zahlen auf dem Zahlenstrahl als Punkte dargestellt werden. Dabei befindet sich der Punkt der größeren Bruchzahl rechts von dem der kleineren Bruchzahl. Bei Brüchen mit gleichem Nenner ist jener mit dem größeren Zähler die größere Bruchzahl.

Beim Erweitern von Brüchen werden Zähler und Nenner mit derselben Zahl (≠ 0) multipliziert $\left(\text{zB: } \frac{3}{4} = \frac{3 \cdot 5}{4 \cdot 5} = \frac{15}{20}\right)$.
Beim Kürzen von Brüchen werden Zähler und Nenner durch dieselbe Zahl (≠ 0) dividiert $\left(\text{zB: } \frac{12}{18} = \frac{12:6}{18:6} = \frac{2}{3}\right)$. Der „Wert" des Bruches bleibt in beiden Fällen gleich.

Mit Brüchen kann man auch Größen- und Zahlenverhältnisse, relative Anteile und relative Häufigkeiten angeben. Den relativen Anteil erhält man, indem man die Anzahl von Objekten mit einer bestimmten Eigenschaft durch die Gesamtanzahl dividiert. Relative Anteile können in Form von Brüchen, Dezimalzahlen und in Prozenten angegeben werden $\left(\text{zB: } \frac{2}{5} = 0{,}40 = 40\,\%\right)$.

Lösungstext: ES IST NOCH KEIN MEISTER VOM HIMMEL GEFALLEN, OHNE SICH DABEI WEH ZU TUN.

D RECHNEN MIT BRUCHZAHLEN
1 Addieren und Subtrahieren von Bruchzahlen
(Seite 17)

1)

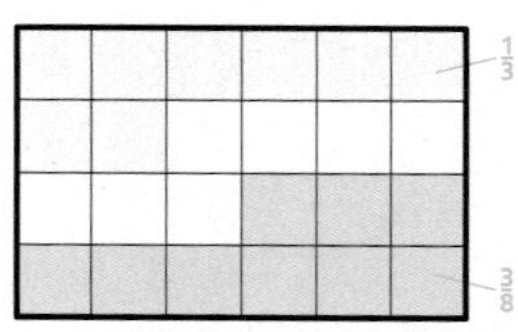

$1 - \left(\frac{1}{3} + \frac{3}{8}\right) = \frac{24}{24} - \left(\frac{8}{24} + \frac{9}{24}\right) = \frac{7}{24}$

2) 1) $\frac{6}{16} = \frac{3}{8}$ 2) $1 - \left(\frac{1}{8} + \frac{1}{16} + \frac{1}{4} + \frac{3}{16}\right) = \frac{6}{16} = \frac{3}{8}$

3) richtig: **B**, **C**, **E**; falsch: **A** (0,6 + 1,2 – 1,5 = 0,3), **D** $\left(5\frac{2}{8} - 3\frac{5}{8} - 1\frac{4}{8} = \frac{1}{8}\right)$;
Lösungswort: TENNE

4) $2\frac{2}{3} - \left(1\frac{1}{4} - \frac{5}{6}\right) + \frac{5}{12} = 2\frac{2}{3}$ $3\frac{1}{2} - 1\frac{2}{4} - \frac{1}{3} + 1\frac{1}{3} = 3$

$2\frac{2}{3} - \left(1\frac{1}{4} - \frac{5}{6} + \frac{5}{12}\right) = 1\frac{5}{6}$ $\left(3\frac{1}{2} - 1\frac{2}{4}\right) - \left(\frac{1}{3} + 1\frac{1}{3}\right) = \frac{1}{3}$

$\left(2\frac{2}{3} - 1\frac{1}{4} - \frac{5}{6}\right) + \frac{5}{12} = 1$ $3\frac{1}{2} - \left(1\frac{2}{4} - \frac{1}{3} + 1\frac{1}{3}\right) = 1$

$\left(2\frac{2}{3} - 1\frac{1}{4}\right) - \left(\frac{5}{6} + \frac{5}{12}\right) = \frac{1}{6}$ $3\frac{1}{2} - \left(1\frac{2}{4} - \frac{1}{3}\right) + 1\frac{1}{3} = 3\frac{2}{3}$

5) $\frac{24}{24} - \left(\frac{6}{24} + \frac{4}{24} + \frac{2}{24} + \frac{9}{24}\right) = \frac{3}{24} = \frac{1}{8}$

6) $1 - \left(\frac{2}{5} + \frac{3}{100}\right) = 1 - \left(\frac{40}{100} + \frac{3}{100}\right) = \frac{57}{100} = 57\,\%$

2 Multiplizieren und Dividieren von Bruchzahlen
(Seite 18, 19)

7) a) $\frac{3}{2}$ b) $\frac{3}{8}$ c) 2 d) $\frac{25}{2}$ e) $\frac{2}{5}$ f) $\frac{10}{9}$

8) richtig: **A**, **D** $\left(\frac{2}{5} : 2 = \frac{2}{10}\right)$
falsch: **B** $\left(\frac{2}{5} : 2 \neq \frac{4}{5}\right)$,
C $\left(\frac{2}{5} : 5 \neq 2\right)$,
E $\left(\frac{2}{8} : 2 \neq \frac{1}{4}\right)$

9) 1) $\frac{2}{3} + \frac{3}{4} = \frac{8}{12} + \frac{9}{12} = \frac{17}{12}; \frac{3}{4} + \frac{2}{3} = \frac{9}{12} + \frac{8}{12} = \frac{17}{12}$
2) $\frac{2}{3} + \left(\frac{3}{4} + \frac{1}{6}\right) = \frac{8}{12} + \frac{11}{12} = \frac{19}{12}; \left(\frac{2}{3} + \frac{3}{4}\right) + \frac{1}{6} = \frac{17}{12} + \frac{2}{12} = \frac{19}{12}$
3) $\frac{2}{3} \cdot \frac{3}{4} = \frac{6}{12} = \frac{1}{2}; \frac{3}{4} \cdot \frac{2}{3} = \frac{6}{12} = \frac{1}{2}$
4) $\frac{2}{3} \cdot \left(\frac{3}{4} \cdot \frac{1}{6}\right) = \frac{2}{3} \cdot \frac{3}{24} = \frac{6}{72} = \frac{1}{12}; \left(\frac{2}{3} \cdot \frac{3}{4}\right) \cdot \frac{1}{6} = \frac{6}{12} \cdot \frac{1}{6} = \frac{6}{72} = \frac{1}{12}$
5) $\frac{2}{3} \cdot \left(\frac{3}{4} + \frac{1}{6}\right) = \frac{2}{3} \cdot \frac{11}{12} = \frac{22}{36} = \frac{11}{18};$
$\frac{2}{3} \cdot \left(\frac{3}{4} + \frac{1}{6}\right) = \frac{2}{3} \cdot \frac{3}{4} + \frac{2}{3} \cdot \frac{1}{6} = \frac{6}{12} + \frac{2}{18} = \frac{18}{36} + \frac{4}{36} = \frac{22}{36} = \frac{11}{18}$

10) 1) $\frac{4}{9} \cdot \frac{3}{4} - \frac{4}{9} \cdot \frac{1}{2} = \frac{1}{3} - \frac{2}{9} = \frac{1}{9}$
2) $\frac{4}{9} \cdot \frac{3}{4} + \frac{4}{9} \cdot \frac{1}{2} = \frac{1}{3} + \frac{2}{9} = \frac{5}{9}$
3) $\frac{4}{5} : \frac{4}{15} + \frac{4}{5} : \frac{1}{5} = 3 + 4 = 7$
4) $\left(\frac{3}{4} - \frac{1}{3}\right) : \left(\frac{2}{3} + \frac{1}{6}\right) = \frac{5}{12} : \frac{5}{6} = \frac{1}{2}$
5) $\left(\frac{3}{4} - \frac{1}{3}\right) : \frac{2}{3} + \frac{1}{8} = \frac{5}{12} : \frac{2}{3} + \frac{1}{8} = \frac{5}{8} + \frac{1}{8} = \frac{6}{8} = \frac{3}{4}$
6) $\frac{3}{4} - \left(\frac{1}{3} : \frac{2}{3} - \frac{1}{8}\right) = \frac{3}{4} - \left(\frac{1}{2} - \frac{1}{8}\right) = \frac{3}{4} - \frac{3}{8} = \frac{3}{8}$

Lösungswort: ERLAUF

11) $\frac{2}{3} \cdot \frac{3}{4} + \frac{1}{2} + \frac{1}{6} + \frac{1}{3} : \frac{2}{3} = \frac{5}{3}$ $\qquad \frac{2}{3} \cdot \frac{3}{4} + \left(\frac{1}{2} + \frac{1}{6} + \frac{1}{3}\right) : \frac{2}{3} = 2$
$\frac{2}{3} \cdot \left(\frac{3}{4} + \frac{1}{2}\right) + \frac{1}{6} + \frac{1}{3} : \frac{2}{3} = \frac{3}{2}$ $\qquad \frac{2}{3} \cdot \left(\frac{3}{4} + \frac{1}{2} + \frac{1}{6} + \frac{1}{3}\right) : \frac{2}{3} = \frac{7}{4}$
$\frac{2}{3} \cdot \left(\frac{3}{4} + \frac{1}{2}\right) + \left(\frac{1}{6} + \frac{1}{3}\right) : \frac{2}{3} = \frac{19}{12}$ $\qquad \left(\frac{2}{3} \cdot \frac{3}{4} + \frac{1}{2} + \frac{1}{6} + \frac{1}{3}\right) : \frac{2}{3} = \frac{9}{4}$
$\frac{2}{3} \cdot \left(\frac{3}{4} + \frac{1}{2} + \frac{1}{6}\right) + \frac{1}{3} : \frac{2}{3} = \frac{13}{9}$ $\qquad \frac{2}{3} \cdot \left(\frac{3}{4} + \frac{1}{2} + \frac{1}{6} + \frac{1}{3} : \frac{2}{3}\right) = \frac{23}{18}$

12) 7000 Flaschen zu $\frac{1}{2}$ l

13) Nil + Kagera: 6670 km
Amazonas + Ucayali + Aporimac: 6470 km
Jangtsekiang + Tongtian He: 6350 km
Mississippi + Missouri + Red Rock: 6000 km
Murray + Darling + Culgoa: 3680 km

14) 1) An der Hauptversammlung haben 160 Personen teilgenommen.
2) Für den bisherigen Vorstand haben 144 Personen gestimmt.
3) Sich der Stimme enthalten oder gegen den bisherigen Vorstand gestimmt haben 16 Personen.
4) Bruchteil: $\frac{3}{20}$

15) 1) endgültiger Preis der Kamera: 390 € 2) $\frac{3}{5}$

Merkenswertes – Rechnen mit Bruchzahlen
(Seite 20)

Rechnen mit Bruchzahlen in Bruchschreibweise

■ Brüche mit dem gleichen Nenner heißen gleichnamige Brüche. Solche Bruchzahlen werden addiert bzw. subtrahiert, indem man die Zähler addiert bzw. subtrahiert und die Nenner unverändert lässt $\left(\text{zB: } \frac{3}{5} + \frac{2}{5} = \frac{5}{5}\right)$.

■ Ungleichnamige Brüche werden durch Erweitern in gleichnamige Brüche umgerechnet $\left(\text{zB: } \frac{2}{3} + \frac{3}{5} = \frac{2 \cdot 5 + 3 \cdot 3}{3 \cdot 5} = \frac{10 + 9}{15} = \frac{19}{15}\right)$.

■ Bruchzahlen werden mit einer natürlichen Zahl multipliziert, indem man den Zähler des Bruches mit der natürlichen Zahl multipliziert und den Nenner unverändert lässt $\left(\text{zB: } \frac{4}{5} \cdot 2 = \frac{4 \cdot 2}{5} = \frac{8}{5}\right)$.

■ Bruchzahlen werden durch eine natürliche Zahl dividiert, indem man den Nenner des Bruches mit der natürlichen Zahl multipliziert und den Zähler unverändert lässt $\left(\text{zB: } \frac{3}{5} : 2 = \frac{3}{5 \cdot 2} = \frac{3}{10}\right)$.

■ Zwei Bruchzahlen werden multipliziert, indem man Zähler mit Zähler und Nenner mit Nenner multipliziert $\left(\text{zB: } \frac{2}{3} \cdot \frac{5}{7} = \frac{2 \cdot 5}{3 \cdot 7} = \frac{10}{21}\right)$.

■ Eine Bruchzahl wird durch eine Bruchzahl dividiert, indem man die erste Bruchzahl mit dem Kehrwert der zweiten Bruchzahl multipliziert $\left(\text{zB: } \frac{2}{3} : \frac{5}{7} = \frac{2}{3} \cdot \frac{7}{5} = \frac{2 \cdot 7}{3 \cdot 5} = \frac{14}{15}\right)$.

■ Der Kehrwert (reziproker Wert) von $\frac{2}{3}$ ist $\frac{3}{2}$.

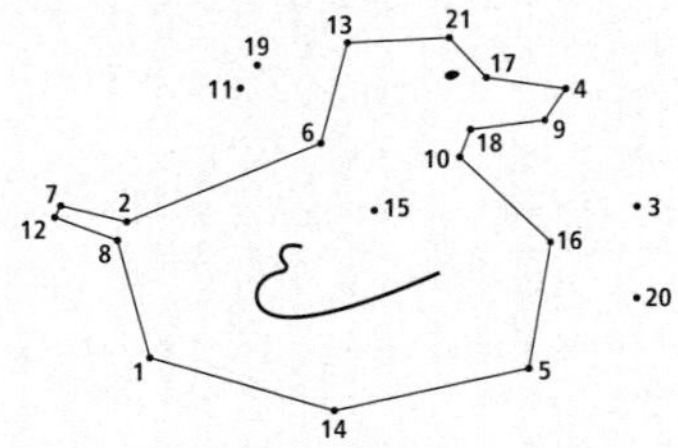

E GLEICHUNGEN UND FORMELN

1 Lösen von Gleichungen – Arbeiten mit Formeln
(Seite 21, 22)

1) a) x = 16 c) m = 7 e) t = 16 g) u = 31
b) y = 31 d) s = 98 f) z = 16 h) r = 16
Lösungswort: ERDBEERE

2) a) x + 243 = 501; x = 258 c) 3 · z = 417; z = 139
b) y + 198 = 313; y = 115 d) 5 · s = 225; s = 45

3) a) 1) Paket A und Paket B haben zusammen 12 kg. 2) a = 3 → b = 9
b) 1) Paket B ist um 12 kg schwerer als Paket A. 2) a = 3 → b = 15
c) 1) Paket A ist halb so schwer wie Paket B. 2) a = 3 → b = 6
d) 1) Paket A ist dreimal so schwer wie Paket B. 2) b = 4 → a = 12

4) a) A = l · b, b = A : l b) b = 3,6 m

5) a) G = 25 cm² b) h = V : G, G = V : h

6) a) K = M + B b) M = K – B, B = K – M c) Miete 480 €

7) a) x = 6 c) u = 16 e) a = 3
b) y = 5 d) s = 73 f) x = 2
Lösungswort: SIEGER

8) 1) x = 15 6) b = 11 11) w = 62
2) y = 9 7) a = 24 12) v = 12
3) s = 20 8) d = 13 13) e = 28
4) t = 10 9) r = 8 14) f = 25
5) z = 5 10) c = 2 15) t = 1

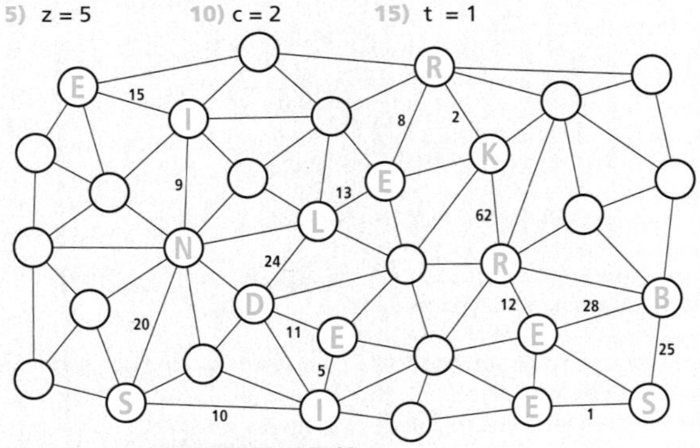

Lösungswort: EINSIEDLERKREBSE

9) a) 3 · y + 55 = 154; y = 33 c) 5 · s + 4,8 = 10,3; s = 1,1
b) 2 · x + 8,5 = 41,7; x = 16,6 d) $3{,}5 = 3 \cdot t + \frac{4}{5}$; t = 0,9

10) a) 0 °C = 32 °F; 10 °C = 50 °F, 20 °C = 68 °F,
25 °C = 77 °F, 50 °C = 122 °F, 100 °C = 212 °F
b) $°C = (°F - 32) \cdot \frac{5}{9}$;
32 °F = 0 °C, 113 °F = 45 °C, 131 °F = 55 °C, 167 °F = 75 °C

11) Grundgebühr = G Preis pro Minute = P
Anzahl der verbrauchten Minuten = t
1) R = G + P · t
2) G = R – P · t; P = (R – G) : t; t = (R – G) : P
3) R = 16,56 €

2 Gleichungen aus Textaufgaben
(Seite 23)

12) 1) $5 \cdot x - 3{,}8 = 31{,}2$ Die Zahl lautet 7.
2) $6 \cdot a + 12{,}5 = 49 : 2$ Die Zahl lautet 2.
3) $y + 24 = 3 \cdot y$ Jonas ist jetzt 12 Jahre alt.
4) $2 \cdot b + 8 = 30$ Manuela ist 11 Jahre alt.
5) $t + (t - 5) + (t - 5) \cdot 3 = 60$ Die Tochter ist 16 Jahre alt.
6) $3{,}85 + 5 \cdot x = 5{,}60$ Eine Semmel kostet 35 Cent.
7) $100 - 22 = 2 \cdot a + 4 \cdot a$ Eine Eintrittskarte für ein Kind kostet 13 €.
8) $50 + 25 + 32{,}50 \cdot y = 205$ Die Kinder übernachten viermal am Mondsee.
9) $136{,}50 = p - p : 4$ Der ursprüngliche Preis des Kostüms war 182 €.
10) $3\,120 = 1\,800 + 22 \cdot f$ Die Masse eines Fasses beträgt 60 kg.
11) $b - 2 + b + 14 = 32$ Die Seite b ist 10 cm lang.
12) $\alpha + 2 \cdot \alpha + 3 \cdot \alpha = 180$ Der Winkel α ist 30°.

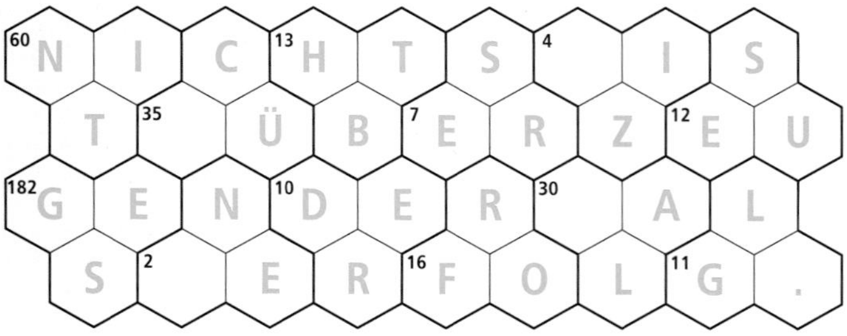

Lösungstext: NICHTS IST ÜBERZEUGENDER ALS ERFOLG.

Merkenswertes – Gleichungen und Formeln
(Seite 24)

Beim Lösen einer Gleichung ist es unser Ziel, den zunächst unbekannten Wert für die Variable zu finden, so dass die Gleichung stimmt.
Beispiel: $x \cdot 5 - 9 = 26$
In unserem Beispiel werden auf die Unbekannte x zwei Rechenoperationen angewandt: zuerst eine Multiplikation (also eine Punktrechnung) und dann eine Subtraktion (eine Strichrechnung). Um den Wert von x zu finden, müssen wir die beiden Rechenoperationen rückgängig machen. Zuerst muss die Umkehrung der Strichrechnung durchgeführt werden, dann die Umkehrung der Punktrechnung.

Du weißt schon aus der 1. Klasse: Addition und Subtraktion sind entgegengesetzte Rechnungsarten. Die Subtraktion ist die Umkehrung der Addition. Die Addition ist die Umkehrung der Subtraktion.
Ebenso gilt: Multiplikation und Division sind entgegengesetzte Rechnungsarten. Die Division ist die Umkehrung der Multiplikation. Die Multiplikation ist die Umkehrung der Division.

In unserem Beispiel müssen wir zuerst die Subtraktion von 9 rückgängig machen, also die Zahl 9 addieren. Es ergibt sich: $x \cdot 5 = 26 + 9$
Anschließend machen wir die Multiplikation mit 5 rückgängig, indem wir durch 5 dividieren. Es ergibt sich: $x = 35 : 5$
Wir sehen: $x = 7$ ist die Lösung unserer Gleichung.

Lösen von Textaufgaben durch Gleichungen
1. Lies den Text genau durch!
2. Bezeichne die gesuchte Zahl mit einer Variablen! Übersetze den Text in die Sprache der Mathematik und stelle eine Gleichung auf!
3. Löse die Gleichung!
4. Überprüfe noch einmal, ob die Lösung zum Text passt und ob sie stimmt (Probe)!
5. Schreibe eine sinnvolle Antwort auf!

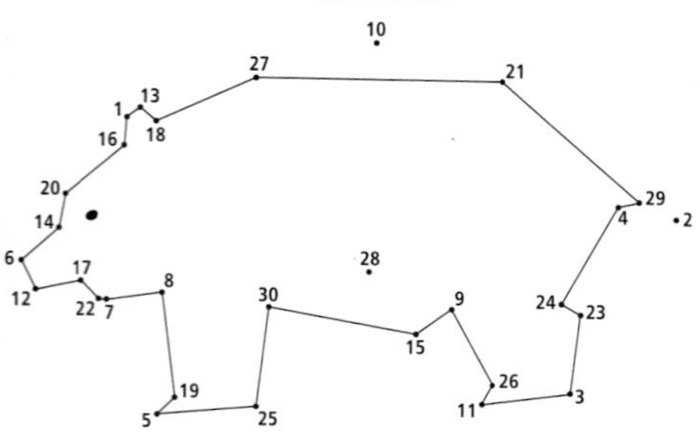

F DIREKTE UND INDIREKTE PROPORTIONALITÄT
1 Direkt proportionale Größen
(Seite 25, 26)

1) a) Ja, weil die Masse im selben Maß wie die Stückzahl steigt.
b) Ja, weil der Preis im selben Maß wie die Menge steigt.
c) Nein, weil der Verbraucht nicht im selben Maß wie die Strecke steigt.
d) Ja, weil der Preis im selben Maß wie die Länge fällt.

2) a)

Menge in kg	Preis in €
5	7,5
1	1,5
2	3
7	10,5

b)

Stück-zahl	Masse in dag
5	120
1	24
3	72
9	216

c)

Strecke in km	Verbrauch in Liter
120	6,6
100	5,5
200	11,0
300	16,5

d)

Länge in m	Preis in €
5	67,5
1	13,5
3	40,5
8	108

3)

Menge in kg	Preis in €
0,5	5
2	20
5	50
1,5	15
3	30
5,5	55

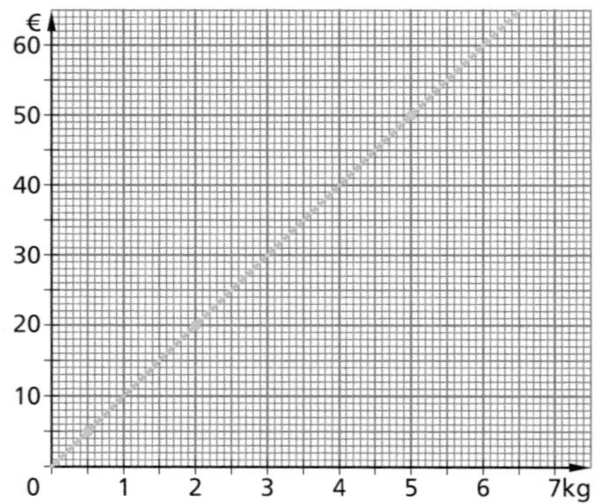

4)

Fläche in ha	Ernte in t
2	80
5	200
1,5	60
4,5	180
5,5	220

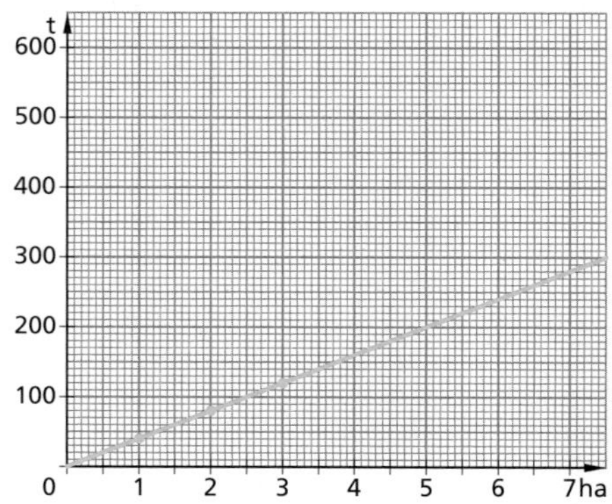

5) a)

	Meter	Anzahl der Schritte	
: 100	100	120	: 100
· 250	1	1,2	· 250
	250	300	

b)

	Anzahl der Schritte	Meter	
: 120	120	100	: 120
· 180	1	$\frac{100}{120}$	· 180
	180	150	

6) a)

	Anzahl der Kleider	Stoff in m	
: 15	15	42	: 15
· 25	1	2,8	· 25
	25	70	

b)

	Stoff in m	Anzahl der Kleider	
: 42	42	15	: 42
· 98	1	$\frac{15}{42}$	· 98
	98	35	

7) $200\ cm^3 = 0{,}2\ l$

Wasser in l	Kalk in mg
0,2	50
0,1	25
150	37 500

37 500 mg = 37,5 g
In 150 l Wasser sind 37,5 g Kalk enthalten.

2 Indirekt proportionale Größen
(Seite 26, 27)

8) a) Ja, weil das Produkt aus Anzahl und Tagen konstant ist.
b) Nein, weil das Produkt aus Anzahl und Kosten nicht konstant ist.
c) Ja, weil das Volumen konstant ist.

9) a)

Anzahl der Pumpen	Fülldauer in min
4	60
1	240
6	40
3	80

b)

Länge des Rechtecks	Breite des Rechtecks
(bei festem Flächeninhalt)	
4,8	2,5
1	12
8	1,5
2	6

c)

Geschw. in km/h	Fahrzeit in h
105	3
315	1
90	3,5
70	4,5

10)

m² pro Tag	Tage
250	3
25	30
225	$3\frac{1}{3}$

Das Umgraben dauert dann $3\frac{1}{3}$ Tage.

11)

Länge des Rechtecks in cm	Breite des Rechtecks in cm
0,5	12
1	6
2	3
3	2
6	1
1,5	4
0,6	10

A = 6 cm²

12) a)

	Mitfahrende	Preis in €	
: 25	25	24	· 25
· 24	1	600	: 24
	24	25	

b)

	Preis in €	Mitfahrende	
: 24	24	25	· 24
· 30	1	600	: 30
	30	20	

13) a)

	Brenndauer in h	Tage, die Vorrat reicht	
: 12	12	300	· 12
· 15	1	3600	: 15
	15	240	

b)

	Tage, die Vorrat reicht	Brenndauer in h	
: 300	300	12	· 300
· 200	1	3600	: 200
	200	18	

14)

direkt	indirekt	
8		Milchmenge – daraus gewonnene Butter
	14	Schrittlänge – Anzahl der Schritte auf 100 m
	25	Anzahl der Tiere – Anzahl der Tage, die das Futter reicht
	9	Geschwindigkeit – Fahrzeit
13		Länge des Schulweges – Gehzeit
17		Warenmenge – Preis
86		

3 Geschwindigkeit
(Seite 28)

15) a) In 5 h kommt sie ca. 40 km weit.
b) Für einen Weg von 48 km braucht sie ca. 6 h.

16) Es benötigt ca. 2 h 45 min.

17) Er braucht 3 h 9 min (3,15 h).

18) a) 1) 1,2 km/min 2) 72 km/h
b) In 4 h 10 min kommt er 300 km weit.
c) Für eine Strecke von 414 km braucht er 5 h 45 min (345 min).

19)

Tier	Geschwindigkeit	Geschwindigkeit
Wanderfalke (Sturzflug)	322 km/h	89,4 m/s
Taube	160 km/h	44,4 m/s
Gepard	110 km/h	30,6 m/s
Schwertwal	90 km/h	25,0 m/s
Strauß	72 km/h	20,0 m/s
Windhund	70 km/h	19,4 m/s
Libelle	50 km/h	13,9 m/s

Lösungswort: REKORDE

20) Ein Auto müsste mit 108 km/h fahren.

21) a) Der PKW muss für diese Strecke mindestens 153 s benötigen.
b) Ein LKW braucht 204 Sekunden.
c) Er wird eine Anzeige erhalten, da er nur $149{,}\overline{45}$ s braucht und damit weniger als 153 s im Tunnel unterwegs war.

$$\frac{3600}{110} \cdot 2 + \frac{3600}{60} \cdot 1{,}4 = 149{,}\overline{45}$$

4 Verschiedene Verhältnisse
(Seite 29)

22) 1) Man kann mit 12600 kg Kaffee rechnen. direkt
2) Das Pflücken dauert 10,5 Stunden. indirekt
3) Auf jeder Seite müssen sich 90 Zeilen befinden. indirekt
4) 7 Pakete dieser Art wiegen 8,75 kg. direkt
5) Er würde 7 min brauchen. indirekt
6) 36 Liter kosten 52,20 €. direkt
7) Sie braucht noch 2 h 15 min (2,25 h). direkt
8) Er braucht noch 42 Liter. direkt
9) Der Vorrat reicht jetzt noch 8 Wochen. indirekt
10) Der Straßenbauunternehmer muss 3 Arbeiter zusätzlich beschäftigen. indirekt
11) Sie braucht jetzt 11 m Stoff. indirekt
12) Der Sand steht 32 cm hoch. indirekt

Lösungswort: SPOTTDROSSEL

Merkenswertes – Direkte und indirekte Proportionalität
(Seite 30)

Direkte Proportionalität
Zwei Größen sind direkt proportional, wenn dem 2fachen (3-, 4fachen...) Wert der einen Größe das 2fache (3-, 4fache...) der anderen Größe entspricht. Der Hälfte (dem Drittel, Viertel...) der einen Größe entspricht dann die Hälfte (ein Drittel, Viertel...) der anderen Größe.
Beispiel: zehnfache Menge → zehnfacher Preis; halbe Menge → halber Preis
Menge und Preis stehen im direkt proportionalen Verhältnis.

Indirekte Proportionalität
Zwei Größen sind indirekt proportional, wenn dem 2fachen (3-, 4fachen...) Wert der einen Größe die Hälfte (ein Drittel, ein Viertel...) der anderen Größe entspricht.
Der Hälfte (dem Drittel, dem Viertel...) der einen Größe entspricht dann das 2fache (3fache, 4fache...) der anderen Größe.
Beispiel: Rechtecke mit gleich großem Flächeninhalt
dreifache Länge → ein Drittel der Breite; halbe Länge → doppelte Breite
Länge und Breite stehen bei Rechtecken mit gleich großem Flächeninhalt im indirekt proportionalen Verhältnis.

Lösen von Textaufgaben zur Schlussrechnung
Überlege zuerst, ob ein direkt oder indirekt proportionales Verhältnis vorliegt!
Du kannst die Schlussrechung in Tabellenform aufschreiben. In die erste Zeile der Tabelle kommt die Angabe aus dem Text. Dabei schreiben wir die gesuchte Größe immer auf die rechte Seite.
Bei einem direkt proportionalen Verhältnis musst du in der rechten und linken Spalte immer die gleiche Multiplikation bzw. Division durchführen.
Liegt ein indirekt proportionales Verhältnis vor, musst du in der rechten Spalte dividieren, wenn du in der linken Spalte multiplizierst und umgekehrt.
Führe vor dem Berechnen immer eine Schätzung oder Überschlagsrechnung durch!

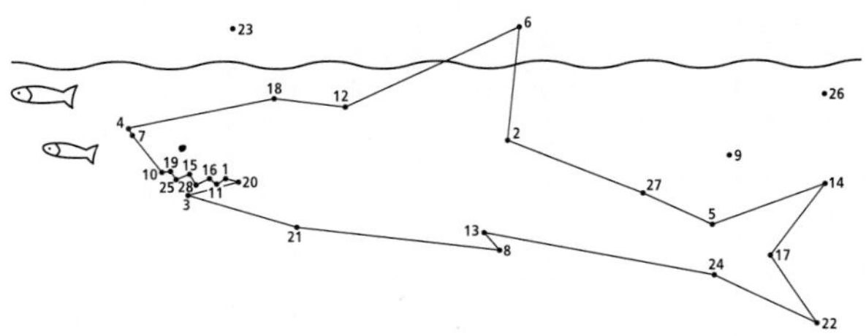

LÖSUNGEN

G PROZENTRECHNUNGEN

1 Grundbegriffe und Darstellung

(Seite 31)

1)

Prozent	1 %	4 %	5 %	10 %	20 %	25 %
Bruch	$\frac{1}{100}$	$\frac{4}{100}=\frac{1}{25}$	$\frac{5}{100}=\frac{1}{20}$	$\frac{10}{100}=\frac{1}{10}$	$\frac{20}{100}=\frac{1}{5}$	$\frac{25}{100}=\frac{1}{4}$
Dezimalzahl	0,01	0,04	0,05	0,1	0,2	0,25
Prozent	30 %	50 %	70 %	75 %	80 %	120 %
Bruch	$\frac{30}{100}=\frac{3}{10}$	$\frac{50}{100}=\frac{1}{2}$	$\frac{70}{100}=\frac{7}{10}$	$\frac{75}{100}=\frac{3}{4}$	$\frac{80}{100}=\frac{4}{5}$	$\frac{120}{100}=\frac{6}{5}$
Dezimalzahl	0,3	0,5	0,7	0,75	0,8	1,2

2)

Dezimalzahl	0,06	0,3	0,15	0,24	0,37	0,4
Bruch	$\frac{6}{100}=\frac{3}{50}$	$\frac{3}{10}$	$\frac{15}{100}=\frac{3}{20}$	$\frac{24}{100}=\frac{6}{25}$	$\frac{37}{100}$	$\frac{4}{10}=\frac{2}{5}$
Prozent	6 %	30 %	15 %	24 %	37 %	40 %
Dezimalzahl	0,46	0,55	0,08	0,12	2,0	0,125
Bruch	$\frac{46}{100}=\frac{23}{50}$	$\frac{55}{100}=\frac{11}{20}$	$\frac{8}{100}=\frac{2}{25}$	$\frac{12}{100}=\frac{3}{25}$	$\frac{2}{1}$	$\frac{125}{1000}=\frac{1}{8}$
Prozent	46 %	55 %	8 %	12 %	200%	12,5 %

3)

Bruch	$\frac{7}{10}$	$\frac{19}{100}$	$\frac{9}{50}$	$\frac{3}{20}$	$\frac{2}{25}$	$\frac{3}{4}$
Dezimalzahl	0,7	0,19	0,18	0,15	0,08	0,75
Prozent	70 %	19 %	18 %	15 %	8 %	75 %
Bruch	$\frac{2}{5}$	$\frac{7}{2}$	$\frac{77}{100}$	$\frac{9}{10}$	$\frac{1}{4}$	$\frac{14}{25}$
Dezimalzahl	0,4	3,5	0,77	0,9	0,25	0,56
Prozent	40 %	350 %	77 %	90 %	25 %	56 %

4)

Prozent	10 %	25 %	18 %	20 %	$33\frac{1}{3}$%	28 %
Bruch	$\frac{10}{100}=\frac{1}{10}$	$\frac{17}{68}=\frac{1}{4}$	$\frac{18}{100}=\frac{9}{50}$	$\frac{8}{40}=\frac{1}{5}$	$\frac{1}{3}$	$\frac{28}{100}=\frac{7}{25}$
Dezimalzahl	0,1	0,25	0,18	0,2	$0,\overline{3}$	0,28
Prozent	45 %	75 %	12,5%	120 %	15 %	80 %
Bruch	$\frac{45}{100}=\frac{9}{20}$	$\frac{75}{100}=\frac{3}{4}$	$\frac{1}{8}$	$\frac{120}{100}=\frac{6}{5}$	$\frac{21}{140}=\frac{3}{20}$	$\frac{80}{100}=\frac{4}{5}$
Dezimalzahl	0,45	0,75	0,125	1,2	0,15	0,8

5) a) $\frac{9}{16}$; 56,25 % b) $\frac{3}{4}$; 75 % c) $\frac{9}{20}$; 45 %

6) a) G = 500 €, p = 25 %, A = 125 €
b) G = 150 €, p = 50 %, A = 75 €
c) G = 60 Lehrkräfte, p = 60 %, A = 36 Frauen
d) G = 480 Mitarbeiter, p = 45 %, A = 216 Personen

7) a) Anteil; A = 72 kg
b) Prozentsatz; p = 75 %
c) Grundwert; G = 75 €
d) Grundwert; G = 40 kg
e) Anteil; A = 650 Stück
f) Prozentsatz; p = 40 %
g) Grundwert; G = 400 m²
h) Prozentsatz; p = 85 %
i) Anteil; A = 28 l

2 Rechnen mit Prozenten

(Seite 32, 33)

8) a) 480 c) 210 e) 72
b) 42 d) 168 f) 6
Lösungswort: DONKEY

9) a)

km	%
16	100
1	$\frac{100}{16}=\frac{25}{4}$
12	$\frac{25}{4}\cdot 12 = 75$

b)

Anzahl	%
520	100
1	$\frac{100}{520}=\frac{5}{26}$
442	$\frac{5}{26}\cdot 442 = 85$

c)

kg	%
750	100
1	$\frac{100}{750}=\frac{2}{15}$
135	$\frac{2}{15}\cdot 135 = 18$

10) a)

%	€
18	27
1	$\frac{27}{18}=\frac{9}{2}$
100	150

b)

%	kg
40	32
1	$\frac{32}{40}=\frac{4}{5}$
100	80

c)

%	€
120	216
1	$\frac{216}{120}=\frac{9}{5}$
100	180

11) a) 375 € d) 25 % g) 480 €
b) 6 m e) 25 % h) 1 500 m
c) 12 min f) 55 % i) 1 h

12)

	a)	b)	c)	d)	e)
Grundwert	80 kg	4 km	75 €	14 t	1 cm
Prozentsatz	25 %	10 %	60 %	7 %	20 %
Anteil	20 kg	400 m	45 €	980 kg	2 mm
	f)	g)	h)	i)	j)
Grundwert	48 km	75 m	5 km	72 kg	45 €
Prozentsatz	75 %	72 %	4 %	70 %	14 %
Anteil	36 km	54 m	200 m	50,4 kg	6,30 €

13)

	a)	b)	c)	d)
alter Preis	98 €	230 €	650 €	45 €
Preisänderung	– 15 %	+ 20 %	+ 8 %	– 10 %
neuer Preis	83,30 €	276 €	702 €	40,50 €
	e)	f)	g)	h)
alter Preis	115 €	160 €	260 €	48 €
Preisänderung	+ 20 %	– 20 %	+ 5 %	– 25 %
neuer Preis	138 €	128 €	273 €	36 €

14) 44 Punkte = $\frac{44}{48}=\frac{11}{12}$ = 0,917 = 91,7 %
Mit 87,5 % der Gesamtpunkte bekommt Leo kein Sehr gut.

15) In der Fabrik arbeiten insgesamt 700 Personen.

16)

a 1	b 4	c 2	▓	d 2	e 8
f 8	2	,	g 5	▓	,
,	▓	h 1	0	i 4	7
j 6	k 0	6	,	1	5
▓	,	▓	l 6	8	▓
m 3	8	n 2	▓	,	o 4
1	▓	p 0	,	9	2
q 2	4	▓	r 5	5	5

17) 1) Der Kunde muss für das Fernsehgerät inklusive 20 % MWSt. 733,80 € bezahlen.
2) Von den 75 Kindern der 2. Klassen essen 80 % gern Spaghetti, das sind 60 Kinder.
3) Vor der Gehaltserhöhung hat Herr Jung 1 750 € verdient.
4) Von den 445 Schülerinnen und Schülern einer Schule besuchen 178 einen Sportverein, das sind 40%.
5) Ohne Preisnachlass hätte Jonas für die Jacke 120 € bezahlen müssen.
6) Die bisherige Miete betrug 725 €.
7) Es wurden 144 Fahrgäste kontrolliert.
8) Der ursprüngliche Preis war 70 €. Das Handy kostet jetzt nur noch 45,50 €.
9) Der Gartenanteil beträgt 85 %.

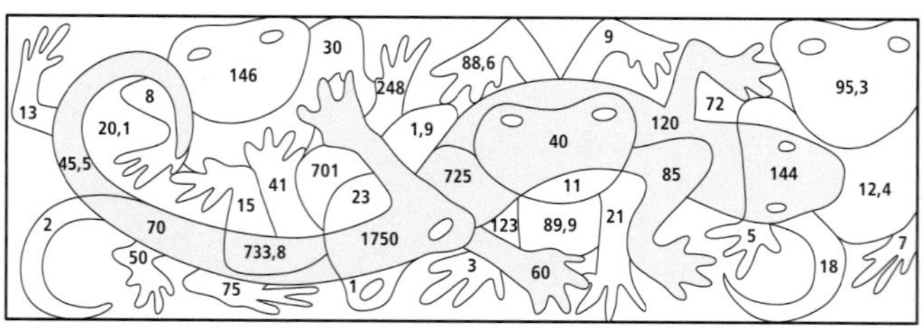

Merkenswertes – Prozentrechnungen
(Seite 34)

■ Ein Prozent ist der hundertste Teil eines Ganzen. Das Wort „Procent“ kommt vom italienischen „per cento“ (pro hundert).
5 % sind 5 Hundertstel oder ein Zwanzigstel.
10 % sind 10 Hundertstel oder ein Zehntel.
20 % sind 20 Hundertstel oder ein Fünftel.
25 % sind 25 Hundertstel oder ein Viertel.
50 % sind 50 Hundertstel oder ein Halbes.
100 % sind 100 Hundertstel oder ein Ganzes.
200 % sind 200 Hundertstel oder zwei Ganze.
Mit Prozentangaben kann man Daten besser vergleichen.

■ Prozentsätze können auch graphisch als Prozentstreifen oder Prozentkreis dargestellt werden.
Beim Prozentstreifen muss man zuerst die Prozentsätze in Längen umrechnen. Das ist besonders einfach, wenn man den Gesamtstreifen 10 cm lang zeichnet. Es gilt dann: 1 % ≙ 1 mm
Beim Prozentkreis muss man die Prozentsätze in Zentriwinkelgrade umrechnen.
1 % von 360° = 360° : 100 = 3,6° → 1 % ≙ 3,6°

■ Zum Prozentrechnen musst du dir drei wichtige Begriffe merken:
Von den 25 Kindern der 2A-Klasse haben 15 ein Haustier, das sind 60 %.

Grundwert G (100 %) (Prozent-)Anteil A Prozentsatz p %
Wenn zwei der Größen gegeben sind, lässt sich die dritte berechnen.

■ Die Grundaufgaben der Prozentrechnung kannst du zB mit Hilfe der Schlussrechnung oder auch mit Formeln berechnen. Es genügt, wenn du dir eine Formel merkst. Aus dieser kannst du dir dann die anderen Formeln ableiten.

Formel für die Berechnung des (Prozent-)Anteils: $A = G \cdot \frac{p}{100}$
Kurzsprechweise: Anteil = Grundwert mal p Hunderstel

■ Zur Angabe von Tausendsteln wird das Zeichen ‰ (Promille) verwendet. 1 ‰ ist ein Tausendstel.

Lösungstext: WENN*SICH*DIE*SPINNENFÄDEN*ZUSAMMENTUN,*KÖNNEN*SIE*EINEN*LÖWEN*FESTHALTEN.
(Sprichwort aus Ghana)

H STATISTIK

1 Erstellen von graphischen Darstellungen
(Seite 35)

1) 1)

	Dezimalschreibweise	Prozentschreibweise
Sehr gut	0,16	16 %
Gut	0,24	24 %
Befriedigend	0,32	32 %
Genügend	0,16	16 %
Nicht genügend	0,12	12 %

2)

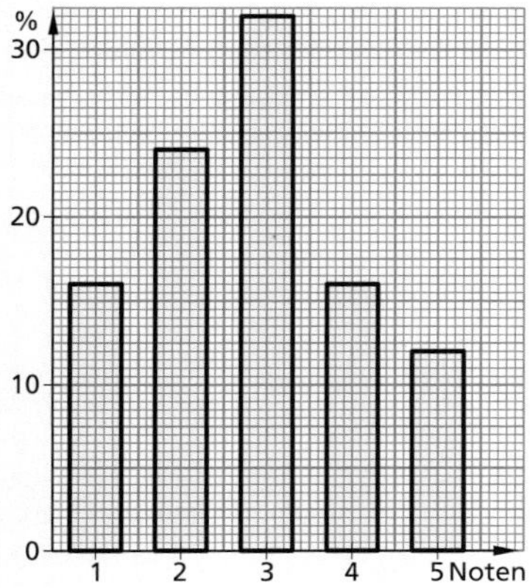

2)

Jahr	Preis je Barrel	Preis je 1 l Benzin
2002	27 €	0,80 €
2003	23 €	0,85 €
2004	35 €	0,85 €
2005	50 €	0,90 €
2006	73 €	1,00 €
2007	66 €	1,00 €
2008	110 €	1,20 €
2009	51 €	0,95 €
2010	86 €	1,20 €
2011	120 €	1,30 €

Der Rohölpreis wirkt sich auf den Benzinpreis aus.

3)

Partei	Zentriwinkel
ÖVP	146°
Liste Fritz Dinkhauser	66°
SPÖ	55°
FPÖ	45°
Die Grünen	39°
Sonstige	9°

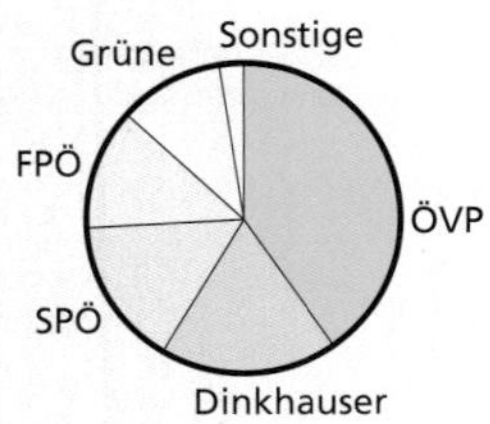

2 Interpretieren von graphischen Darstellungen
(Seite 36)

4) Ein verärgerter Benutzer wird das linke Bild verwenden.
Auch wenn beide Darstellungen korrekt sind, zeigt das linke Bild die Teuerung stärker.
Das rechte Bild würden die Wiener Linien (die Betreiber der öffentlichen Verkehrsmittel) verwenden, weil es die Teuerung weniger stark zeigt.

5) Die Zeit von 1971 bis 91 (20 Jahre) ist gleich lang dargestellt wie die Zeit von 2005 bis 2011 (6 Jahre).

6) 1) Der Abstand von 10 Jahren ist in der linken Figur viel größer als in der rechten. 1 € ist links kürzer als rechts dargestellt.
2) Die rechte Darstellung vermittelt einen größeren Preisanstieg.

7) Das linke Bild vermittelt eine kräftige Steigerung, das rechte einen stärkeren Rückgang, verursacht durch die räumliche Darstellung.

Merkenswertes – Statistik
(Seite 37)

Erheben von Daten
Die Gesamtzahl der abgegebenen gültigen Stimmen bei der Nationalratswahl 2008 betrug 4 887 309 Stimmen. Die Anzahl der Stimmen für eine Partei wird absolute Häufigkeit genannt.

SPÖ	ÖVP	FPÖ	BZÖ	Die Grünen	Sonstige
1 430 206	1 269 656	857 029	522 933	509 936	297 549

Beim Auszählen kleinerer Datenmengen kann eine Strichliste hilfreich sein.

Auswerten der Daten
Die relative Häufigkeit ist der Anteil der Stimmen für eine politische Partei an der Gesamtzahl der gültigen Stimmen. Die relative Häufigkeit wird als Dezimalzahl zwischen 0 und 1 oder in Prozentschreibweise angegeben.

SPÖ	ÖVP	FPÖ	BZÖ	Die Grünen	Sonstige
29,26 %	25,98 %	17,54 %	10,70 %	10,43 %	6,09 %

Darstellen von Daten
Durch Darstellungen können wichtige Informationen und Veränderungen deutlicher sichtbar gemacht werden.
Folgende Darstellungsformen sind gebräuchlich:
Streifendiagramm (Säulen- oder Balkendiagramm)
Streckendiagramm
Piktogramm
Prozentstreifen
Kreisdiagramm
Polygonbild
Für die Nationalratswahl sind rechts ein Balkendiagramm, ein Prozentstreifen und ein Kreisdiagramm dargestellt.

Interpretieren von graphischen Darstellungen
Ein genaues Betrachten und kritisches Beurteilen von graphischen Darstellungen ist notwendig. Denn mit Hilfe von raffinierten Darstellungen kann ein unerfahrener Betrachter getäuscht werden.

Lösungswort: MANDATSVERTEILUNG

A WIEDERHOLUNG UND VERTIEFUNG
1 Ebene Geometrie 2 Räumliche Geometrie
(Seite 38)

1)
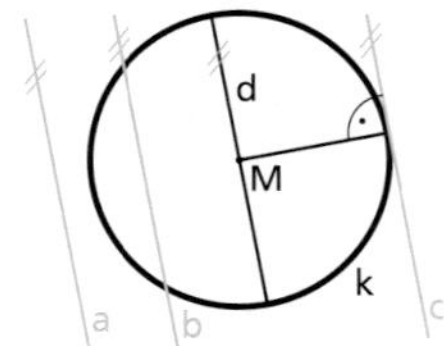

2)
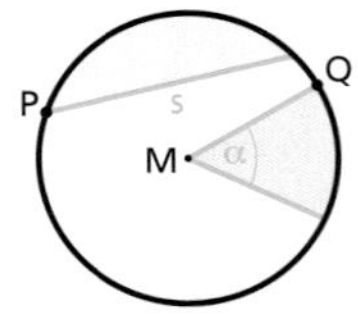

3)
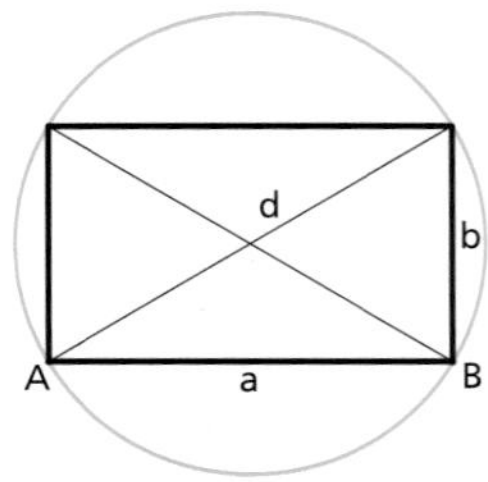

d ≈ 6,3 cm, r ≈ 3,1 cm, u = 17,2 cm, A = 17,28 cm²

4) a) u = 22,8 cm, A = 32,49 cm²
b) Der Umfang wird verdoppelt, verdreifacht, vervierfacht …
c) Der Flächeninhalt wird vervierfacht, verneunfacht, versechzehnfacht …

5) a) a = 28,4 cm, A = 278,32 cm²
b) a = 10,5 cm, u = 37,4 cm

6) **A, B**

7) Summe der Kantenlängen = 41,6 cm, O = 71,12 cm², V = 39,984 cm³

B ERWEITERUNG DER GEOMETRISCHEN GRUNDBEGRIFFE
Winkel
(Seite 39, 40)

1)

	α	β	γ	δ
Winkelart	stumpf	erhaben	erhaben	spitz
Messung	140°	290°	225°	48°

2)
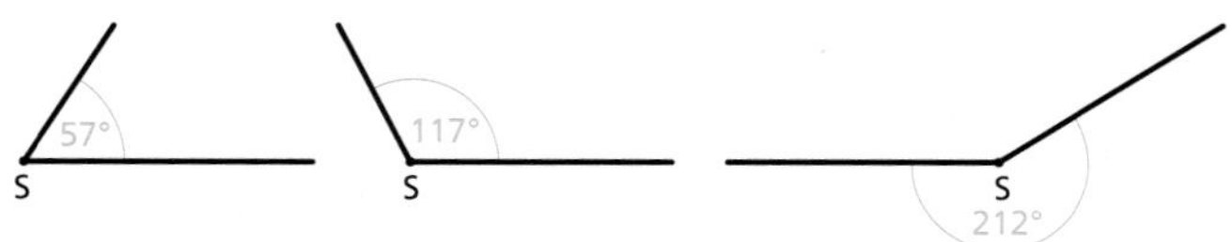

3) β = ∢rp (oder ∢pr) = ∢RQP (oder ∢PQR)
γ = ∢pq (oder ∢qp) = ∢PRQ (oder ∢QRP)

4) K: α + β = 121° 3 · α – γ = 52°

5) a) 2° 15′ = 2,25°; 2° 05′ = 125′; 3° 35′ = 215′; 3° 05′ = 185′
b) 12° 34′+ 23° 58′ = 36° 32′; 48° 32′– 12° 56′ = 35° 36′;
11° 44′ · 3 = 35° 12′; 140° 52′: 4 = 35° 13′

6) a)
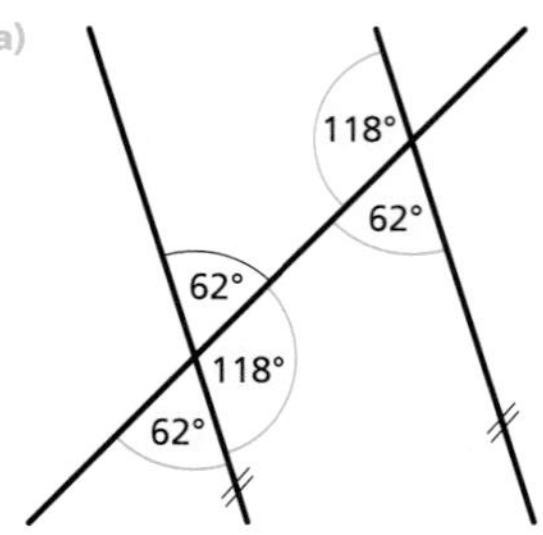

b)
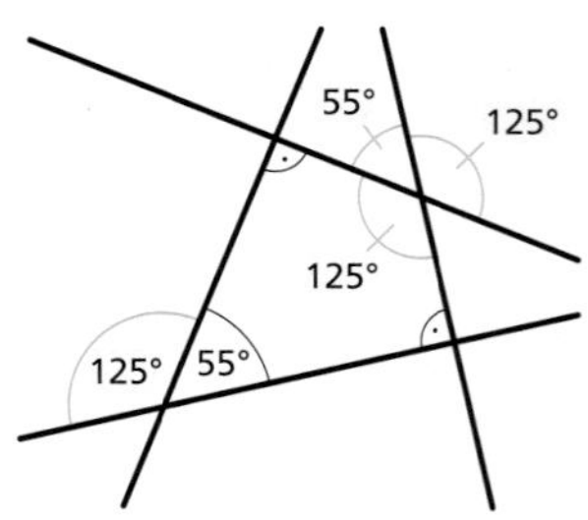

2 Koordinatensystem
(Seite 40)

7) a) D(1|4), M(4|4) b) C(4|9), M(3|4,5)

8) S_1(4,6|0,5), S_2(0,8|5,0)

3 Symmetrie
(Seite 41)

9)

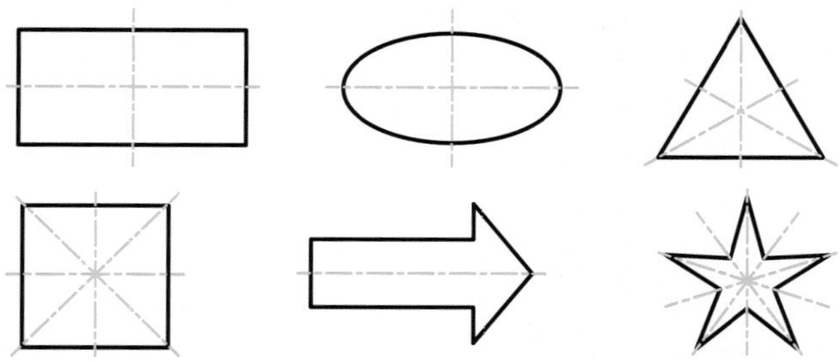

10) A_1(8|4), B_1(5|1), C_1(6|5)

11) K: $AA_1 \perp g$ und $\overline{Ag} = \overline{A_1g}$ usw.

12) a) S(2,1|4,5) b) S(2,0|3,9)

Merkenswertes – Erweiterung der geometrischen Grundbegriffe
(Seite 42)

Winkel
Winkel können mit Hilfe ihrer beiden Winkelschenkel oder durch drei Punkte angegeben werden.
$\alpha = ∢bc = ∢cb$ oder $\alpha = ∢CAB = ∢BAC$
$\beta = ∢ca = ∢ac$ oder $\beta = ∢ABC = ∢CBA$
$\gamma = ∢ab = ∢ba$ oder $\gamma = ∢BCA = ∢ACB$

1 (Winkel-)Grad (1°) ist der neunzigste Teil des rechten Winkels.
Für spitze Winkel α gilt: 0° < α < 90°, für stumpfe Winkel: 90° < α < 180°, für erhabene Winkel: 180° < α < 360°

1 (Winkel-)Grad = 60 (Winkel-)Minuten (1° = 60′)

Winkel, deren Schenkel paarweise parallel sind, nennt man Parallelwinkel. Winkel, deren Schenkel paarweise aufeinander normal stehen, nennt man Normalwinkel. Zwei solche Winkel sind entweder gleich groß oder sie ergänzen einander auf 180°.

Lösungswort: WINKELKONSTRUKTION

Koordinatensystem
Die beiden Koordinatenachsen, die vom Punkt (0|0) ausgehen, sind Zahlenstrahlen. Sie stehen aufeinander normal.
Der Punkt O(0|0) heißt Ursprung des Koordinatensystems.
Die 1. Koordinatenachse wird auch als x-Achse bezeichnet, die 2. Koordinatenachse als y-Achse. Jeder Punkt im Koordinatensystem wird durch ein Zahlenpaar festgelegt.

Symmetrie
Symmetrische Figuren werden durch eine Symmetrieachse (Spiegelachse) in zwei deckungsgleiche Teile geteilt. Zwei Punkte, die symmetrisch bezüglich einer Geraden g liegen, haben von dieser Geraden g denselben Abstand. Ihre Verbindungsstrecke steht normal zur Geraden g.

Die Streckensymmetrale s_{AB} halbiert die Strecke AB und steht auf AB normal. Sie besteht aus genau jenen Punkten, die von den beiden Endpunkten der Strecke AB gleich weit entfernt sind.

Die Winkelsymmetrale w_α halbiert den Winkel α. Sie besteht aus genau jenen Punkten des Winkelfeldes von α, die von den beiden Schenkeln des Winkels α denselben Abstand haben.

Lösungswort: MILLIMETERPAPIER

C DREIECK

1 Grundbegriffe und Bezeichnungen
2 Einteilung der Dreiecke 3 Winkel im Dreieck
(Seite 43)

1)

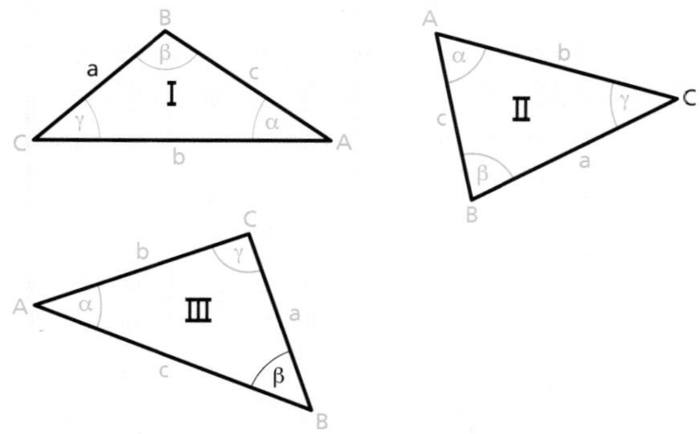

2) a) $\beta = ∢ac = ∢ca$; $\gamma = ∢ab = ∢ba$
b) $\alpha = ∢BAC = ∢CAB$; $\gamma = ∢ACB = ∢BCA$

3) spitzwinklig: II, rechtwinklig: III, stumpfwinklig: I

4) K: gleichseitiges Dreieck: a = b = c;
gleichschenkliges Dreieck: a = b;
allgemeines Dreieck: beliebig

5) a)

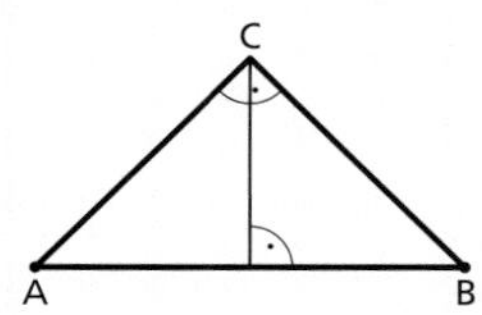

b) Geodreieck

6) a) α = 37°, β = 85°, γ = 58° b) α = 112°, β = 19°, γ = 49°
c) $\alpha = 72\frac{1}{4}°$, $\beta = 62\frac{1}{2}°$, $\gamma = 45\frac{1}{4}°$

7) a) α = 49°, β = 41° b) α = 33,6°, β = 56,4° c) $\alpha = 72\frac{1}{4}°$, $\beta = 17\frac{3}{4}°$

8)

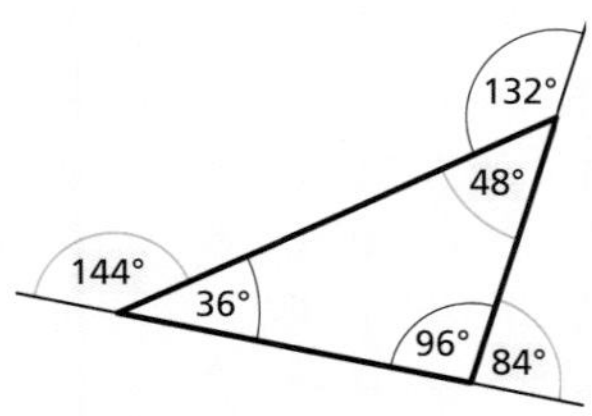

9) Man kann sehen, dass δ + γ + ε zusammen 180° ergeben. Die Winkel δ und α bzw. ε und β sind jeweils gleich groß, weil sie Parallelwinkel sind. Daher muss auch die Summe α + β + γ immer 180° ergeben.

4 Dreieckskonstruktionen
(Seite 44–46)

10) a) α ≈ 45°, β ≈ 72°, γ ≈ 63° b) α ≈ 40°, β ≈ 35°, γ ≈ 105°

11) a) 2 b) 1 c) x d) x e) x f) 1

12) a) b ≈ 7,1 cm, c ≈ 12,0 cm, α ≈ 38° b) a ≈ 7,3 cm, b ≈ 6,4 cm, γ ≈ 59°

13) 130 m = 130 000 mm; 130 000 mm : 2 000 = 65 mm
Zeichnung → Wirklichkeit
$\overline{AP}$ ≈ 65 mm → $\overline{AP}$ ≈ 130 m
$\overline{BP}$ ≈ 80 mm → $\overline{BP}$ ≈ 160 m
$\overline{Ps}$ ≈ 63 mm → $\overline{Ps}$ ≈ 126 m

14) a) c ≈ 10,4 cm, α ≈ 48°, β ≈ 35° b) b ≈ 7,9 cm, α ≈ 59°, γ ≈ 53°

15) 42 m = 42 000 mm; 42 000 mm : 500 = 84 mm
Zeichnung: $\overline{PQ}$ ≈ 97 mm → Wirklichkeit: $\overline{PQ}$ ≈ 48,5 m

16) a) b ≈ 7,0 cm, β ≈ 60°, γ ≈ 51° b) a ≈ 4,8 cm, α ≈ 31°, β ≈ 47°

17) 1. Lösung: c ≈ 6,8 cm, α ≈ 70°, γ ≈ 63°
2. Lösung: c ≈ 3,0 cm, α ≈ 110°, γ ≈ 23°

5 Besondere Eigenschaften des Dreiecks
(Seite 47, 48)

18) a) U(5,4|4,7) b) $r \approx 4{,}5$ cm c) S(4,7|5,0)

19) a) I(3,9|3,9) b) $\rho \approx 2{,}3$ cm c) H(2,2|2,9)
d) $h_a \approx 5{,}8$ cm, $h_b \approx 8{,}0$ cm, $h_c \approx 7{,}2$ cm

20) a) $\overline{PQ}$ = 450 m = 450 000 mm; 450 000 mm : 5 000 = 90 mm
$\overline{QR}$ = 480 m = 480 000 mm; 480 000 mm : 5 000 = 96 mm
$\overline{RP}$ = 535 m = 535 000 mm; 535 000 mm : 5 000 = 107 mm
b) Um jenen Punkt eines Dreiecks zu erhalten, der von den drei Eckpunkten gleich weit entfernt ist, muss man den Umkreismittelpunkt konstruieren. Diesen erhält man mit Hilfe der Seitensymmetralen.
Der Abstand des gesuchten Punktes beträgt in der Zeichnung ca. 57 mm, das entspricht in der Wirklichkeit 285 m.
c) Der Abstand eines Eckpunktes von der gegenüberliegenden Seite entspricht der Höhe des Dreiecks. Diese erhält man, indem man durch den Eckpunkt die Normale auf die gegenüberliegende Seite einzeichnet.
Die Abstände von den gegenüberliegenden Grundstücksgrenzen betragen
für den Punkt P in der Zeichnung ca. 85 mm, das sind in der Wirklichkeit 425 m,
für den Punkt Q in der Zeichnung ca. 76 mm, das sind in der Wirklichkeit 380 m,
für den Punkt R in der Zeichnung ca. 90 mm, das sind in der Wirklichkeit 450 m.
d) Um jenen Punkt eines Dreiecks zu erhalten, der von den drei Seiten gleich weit entfernt ist, muss man den Inkreismittelpunkt konstruieren. Diesen erhält man mit Hilfe der Winkelsymmetralen.
Der Abstand des gesuchten Punktes beträgt in der Zeichnung ca. 28 mm, das entspricht in der Wirklichkeit 140 m.
Lösungswort: KAKADU

6 Besondere Dreiecke
(Seite 49)

21) a) $a = b \approx 65$ mm, $\beta \approx 57°$, $\gamma \approx 66°$ K: $\overline{Hc} \approx 23$ mm
b) $a \approx 67$ mm, $c \approx 107$ mm, $\alpha = \beta \approx 37°$ K: $\overline{Sc} \approx 13$ mm

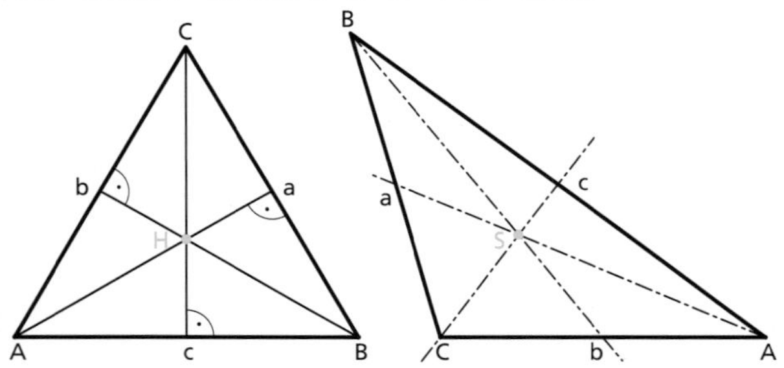

22) a) $\alpha = 57°$, $\beta = 57°$, $\gamma = 66°$
b) $\alpha = 34°$, $\beta = 34°$, $\gamma = 112°$
c) $\alpha = 39\frac{3}{4}°$, $\beta = 39\frac{3}{4}°$, $\gamma = 100\frac{1}{2}°$

23) Wegen des vorgeschriebenen Umlaufsinns (Gegenuhrzeigersinn) gibt es jeweils nur genau eine Lösung.

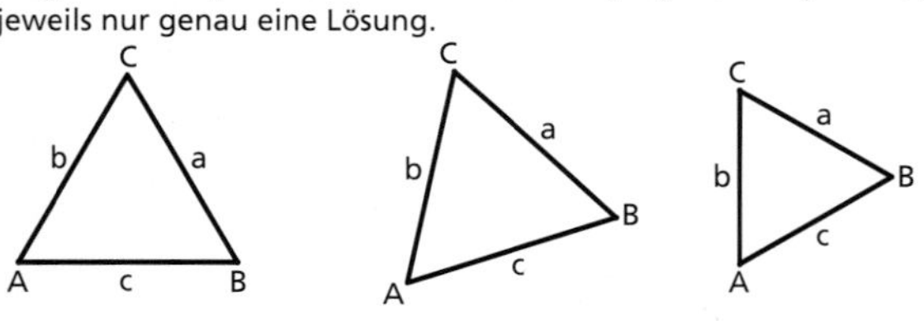

24) a) A(0,5|0,5), S(2,8|2,8) b) $h \approx 4{,}9$ cm, $r \approx 3{,}3$ cm, $\rho \approx 1{,}6$ cm

7 Flächeninhalt des rechtwinkligen Dreiecks
(Seite 50)

25) a) Katheten: x, y Hypotenuse: z b) Katheten: l, m Hypotenuse: k c) Katheten: p,q Hypotenuse: r

26) a) $a \approx 4{,}6$ cm, $\alpha \approx 38°$, $\beta \approx 52°$, $A \approx 13{,}3$ cm²
b) $a \approx 3{,}2$ cm, $b \approx 6{,}1$ cm, $\alpha \approx 28°$, $A \approx 9{,}8$ cm²

27) Richtige Umformungen sind: $b = \frac{A \cdot 2}{a}$ und $b = \frac{A}{a} \cdot 2$

28) a) b = 40 cm c) a = 35 m
b) b = 8 mm d) b = 6,2 cm

29) $A = A_1 + A_2 = 27{,}28$ m² + 5,27 m² = 32,55 m²

Merkenswertes – Dreieck
(Seite 51)

- Die Bezeichnung der Eckpunkte A, B, C eines Dreiecks erfolgt im Gegenuhrzeigersinn.
Die Seite a liegt dabei dem Eckpunkt A gegenüber usw.

- Teilt man Dreiecke nach ihren Seitenlängen ein, dann unterscheidet man allgemeine Dreiecke, gleichschenklige Dreiecke und gleichseitige Dreiecke.
Teilt man Dreiecke nach ihren Winkeln ein, dann unterscheidet man spitzwinklige Dreiecke, rechtwinklige Dreiecke und stumpfwinklige Dreiecke.

- In jedem Dreieck ist die Summe der drei Innenwinkel 180°.
Jeder Außenwinkel ist genau so groß wie die Summe der beiden nicht anliegenden Innenwinkel.
Die Summe der drei Außenwinkel beträgt immer 360°.

- Ein Dreieck ist eindeutig konstruierbar, wenn nachfolgende Bestimmungsstücke gegeben sind. Wenn zwei Dreiecke in diesen Bestimmungsstücken übereinstimmen, dann sind sie kongruent (deckungsgleich):
1. die drei Seitenlängen (SSS-Satz),
2. die Länge einer Seite und die Größen zweier Winkel (WSW-Satz)
3. die Längen zweier Seiten und die Größe jenes Winkels, der von ihnen eingeschlossen wird (SWS-Satz)
4. die Längen zweier Seiten und die Größe jenes Winkels, der der längeren Seite gegenüberliegt (SsW-Satz)

- In jedem Dreieck schneiden einander:
1. die drei Streckensymmetralen im Umkreismittelpunkt U,
2. die drei Winkelsymmetralen im Inkreismittelpunkt I,
3. die drei Schwerlinien im Schwerpunkt S,
4. die drei Höhen (bzw. ihre Verlängerungen) im Höhenschnittpunkt H.

- Im rechtwinkligen Dreieck heißen die beiden Seiten, die den rechten Winkel einschließen Katheten, die ihm gegenüberliegende Seite heißt Hypotenuse. Die beiden ihr anliegenden Winkel ergänzen einander auf 90°, sie sind Komplementärwinkel.

- Satz von Thales: Alle einem Kreis eingeschriebenen Dreiecke, bei denen eine Seite mit dem Durchmesser übereinstimmt, sind rechtwinklig.

Lösungstext: WAS FÄLLT DURCH DAS FENSTER, OHNE ES ZU ZERBRECHEN? DAS LICHT.

D VIERECKE UND REGELMÄSSIGE VIELECKE

1 Parallelogramm
(Seite 52)

1) a) $b \approx 6{,}9$ cm, $e = \overline{AC} \approx 10{,}1$ cm b) $e = \overline{AC} \approx 93$ mm, $f = \overline{BD} \approx 74$ mm

2) a) A(4|1), B(9|1), C(6|5), D(1|5) b) A = 6 cm² + 8 cm² + 6 cm² = 20 cm²

3) $f \approx 8{,}6$ cm, $\rho \approx 2{,}5$ cm

4) Richtig sind die 1., 2. und 4. Aussage (halbieren einander, stehen aufeinander normal, sind auch Winkelsymmetralen)

2 Trapez
(Seite 53)

5) a) $d \approx 31$ mm, $e \approx 64$ mm, $f \approx 73$ mm
b) $b \approx 4{,}7$ cm, $c \approx 7{,}9$ cm, $d \approx 3{,}9$ cm, $e \approx 8{,}0$ cm

6) A = 4 cm² + 12 cm² + 2 cm² = 18 cm²

7) $c \approx 2{,}9$ cm, $e = f \approx 6{,}3$ cm, $r \approx 3{,}5$ cm

8) Richtig ist nur die 3. Aussage (gleich lang)

3 Deltoid (Drachenviereck)
(Seite 54)

9) a) f ≈ 68 mm, α ≈ 132°, β = δ ≈ 87°, γ ≈ 54°, ρ ≈ 25 mm
b) b ≈ 4,3 cm, e ≈ 7,1 cm, α ≈ 74°, γ ≈ 98°, ρ ≈ 2,4 cm

10) a) D(6|5) b) A = 3 cm² + 3 cm² + 6 cm² + 6 cm² = 18 cm²

11) Nur die 2. Aussage ist richtig (stehen aufeinander normal).

4 Allgemeines Viereck 5 Vielecke
(Seite 55)

12) c ≈ 96 mm, d ≈ 58 mm, e ≈ 103 mm

13) a) K: $\overline{CD}$ ≈ 4,6 cm
b) ∢BCD ≈ 76°, ∢CDE ≈ 149°
Winkelsumme des Fünfecks: 90° + 120° + 105° + 76° + 149° = 540°
c) Das Fünfeck wird dadurch in 3 Teildreiecke geteilt.
Die Winkelsumme im Fünfeck muss daher lauten: 180° · 3 = 540°

14) a) K: Die vorgegeben Eckpunkte müssen entweder mit A und D oder mit B und E oder mit C und F beschriftet werden.
b) Das regelmäßige Sechseck hat 9 Diagonalen.
c) gleichseitige Dreiecke, rechtwinklige Dreiecke, gleichschenklige Dreiecke, gleichschenklige Trapeze, Rhomben, Deltoide, Rechtecke

Merkenswertes – Vierecke und regelmäßige Vielecke
(Seite 56)

- Im Parallelogramm sind je zwei gegenüberliegende Seiten parallel und gleich lang.
Die Diagonalen halbieren einander.
Gegenüberliegende Winkel sind gleich groß.
Zwei Winkel, die einer Seite anliegen, ergänzen einander auf 180°.

- Der Rhombus (die Raute) ist ein Parallelogramm mit vier gleich langen Seiten.
Die Diagonalen des Rhombus stehen aufeinander normal, sie sind Symmetrieachsen des Rhombus und halbieren seine Winkel. Ihr Schnittpunkt ist Mittelpunkt des Inkreises.

- Das Rechteck ist ein Parallelogramm mit vier rechten Winkeln.
Es besitzt einen Umkreis.
Das Quadrat ist ein Rechteck mit vier gleich langen Seiten.
Es besitzt einen Inkreis und einen Umkreis.

- Das Trapez ist ein Viereck mit mindestens einem Paar paralleler Gegenseiten.
Die beiden Winkel, die einem Schenkel anliegen, ergänzen einander auf 180°.

- Das gleichschenklige Trapez besitzt eine Symmetrieachse.
Die Winkel an den Parallelseiten sind jeweils gleich groß, die beiden Diagonalen sind gleich lang.
Das gleichschenklige Trapez besitzt einen Umkreis. Sein Mittelpunkt liegt auf der Symmetrieachse.

- Das Deltoid hat zwei Paar gleich lange Seiten, die einander jeweils schneiden.
Die Verbindungsgerade ihrer Schnittpunkte ist die Symmetrieachse des Deltoids.
Auf ihr liegt der Mittelpunkt des Inkreises des Deltoids.

- Die Winkelsumme beträgt in jedem Viereck 360°.

- Das regelmäßige Sechseck hat sechs Symmetrieachsen.
Das regelmäßige Achteck hat acht Symmetrieachsen.
Beide besitzen sowohl einen Umkreis als auch einen Inkreis.

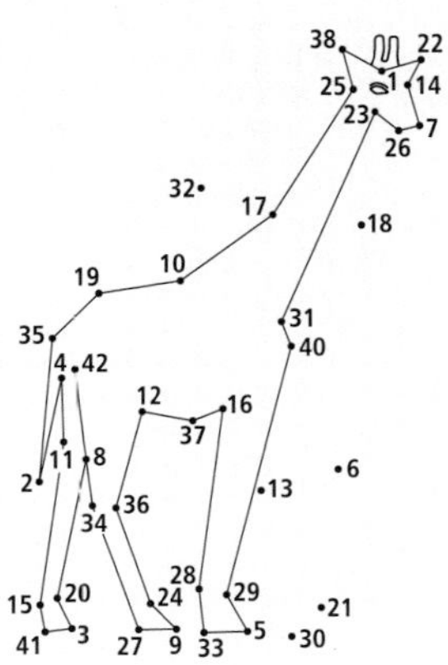

E PRISMA

1 Eigenschaften und besondere Formen 2 Schnittflächen
(Seite 57)

1) gerades dreiseitiges Prisma, **B**; schiefes dreiseitiges Prisma, **G**; liegendes dreiseitiges Prisma, **I**; gerades rechteckiges Prisma, **E**; schiefes vierseitiges Prisma, **A**; liegendes vierseitiges Prisma, **C**; liegendes fünfseitiges Prisma, **F**; gerades sechsseitiges Prisma, **H**; schiefes sechsseitiges Prisma, **D**

2)

Prisma	Ecken (E)	Flächen (F)	Kanten (K)	E + F – K
dreiseitig	6	5	9	2
vierseitig	8	6	12	2
fünfseitig	10	7	15	2
sechsseitig	12	8	18	2

3) a) Die eingezeichnete Schnittfläche ist ein Rechteck.
b) Länge der Grundflächendiagonale ≈ 4,8 cm;
Länge der Diagonale der Schnittfläche ≈ 5,6 cm

3 Netz und Oberfläche 4 Rauminhalt
(Seite 58)

4) **B** kann kein Netz eines geraden dreiseitigen Prismas sein.

5)

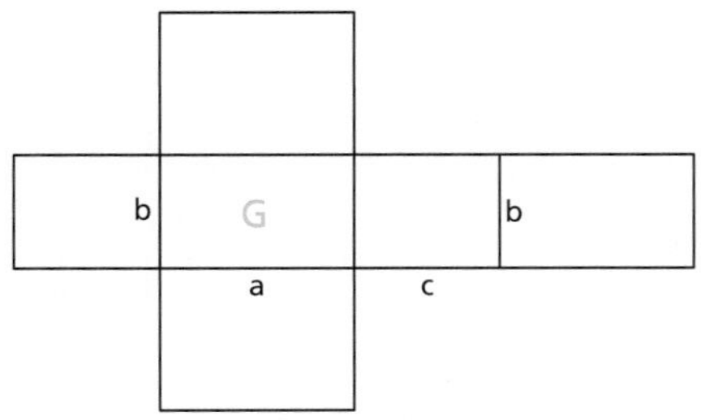

O = 36,64 cm² V = 14,592 cm³

6) G = 13,52 m²; V = 251,472 m³

7) h = 2,5 cm

8) V_1 = 20 400 m³; V_2 = 15 300 m³ (G = 180 m²)
$V_1 + V_2$ = 35 700 m³; Der Lagerraum hat einen Rauminhalt von 35 700 m³.

Merkenswertes – Prisma
(Seite 59)

- Grund- und Deckfläche eines Prismas sind zueinander parallele und deckungsgleiche (als Fremdwort: kongruente) Vielecke.
Die Seitenflächen von geraden Prismen sind Rechtecke.
Die Seitenflächen von schiefen Prismen sind Parallelogramme.
Die Höhe eines Prismas ist der Normalabstand zwischen Grund- und Deckfläche. Alle Seitenkanten des Prismas sind zueinander parallel und gleich lang.

- Das Netz eines geraden Prismas besteht aus der Grundfläche (G), der Deckfläche (D) und der Mantelfläche (M). Diese setzt sich aus den Seitenflächen zusammen.

Lösungswort: POLYEDERSATZ

- Die Oberfläche (eigentlich: den Oberflächeninhalt) berechnet man als Summe der Flächeninhalte aller Begrenzungsflächen. Da Grundfläche (G) und Deckfläche (D) gleich groß sind und die Seitenflächen zusammengenommen die Mantelfläche (M) ergeben, kann man für den Oberflächeninhalt O schreiben: O = G · 2 + M

- Ein Quader ist ein gerades rechteckiges Prisma. Den Inhalt seiner Oberfläche kann man mit der Formel O = a · b · 2 + a · c · 2 + b · c · 2 oder mit der Formel O = (a · b + a · c + b · c) · 2 berechnen.

- Der Würfel ist ein ganz besonderes vierseitiges Prisma, nämlich ein gerades quadratisches Prisma, dessen Höhe genauso lang wie die Grundkante ist. Für den Würfel gilt: O = a · a · 6

- Den Rauminhalt (das Volumen) eines Prismas berechnet man als Produkt „Grundfläche mal Höhe". Als Formel geschrieben: V = G · h
Für den Quader gilt: V = a · b · c
Für den Würfel gilt: V = a · a · a

Lösungswort: DIAGONALSCHNITT

ABSCHLUSSTEST 1

(Seite 60, 61)

1)
504	2	$504 = 2 \cdot 2 \cdot 2 \cdot 3 \cdot 3 \cdot 7$;
252	2	$(2 \cdot 2 = 4,\ 2 \cdot 3 = 6,\ 2 \cdot 2 \cdot 2 = 8,\ 3 \cdot 3 = 9)$
126	2	
63	3	Dh.: 504 ist teilbar durch 2, 3, 4, 6, 7, 8 und 9.
21	3	
7	7	

2) a) $\frac{5}{6}$ b) 20 c) $\frac{3}{25}$ d) $\frac{4}{7} > \frac{1}{2}$, weil $\frac{4}{7} = \frac{8}{14}$ und $\frac{1}{2} = \frac{7}{14}$ e) $\frac{3}{8} < \frac{2}{5} < \frac{1}{2} < \frac{7}{10}$

3) 1) $1 - \left(\frac{92}{100} + \frac{5}{100}\right) = \frac{3}{100}$ 2) 340,4 t Aluminium

4) Jeder Teilnehmer muss dann 37,50 € bezahlen.

5) Zur Gewinnung von 3,5 kg Butter braucht man ca. 63 l Milch.

6) Grundgebühr = G
Preis pro Minute = P
Anzahl der verbrauchten Minuten = t
1) $R = G + P \cdot t$
2) $G = R - P \cdot t$; $P = (R - G) : t$; $t = (R - G) : P$
3) R = 35,60 €

7) a) Michaela: 2x, ihr Bruder: x
Gleichung: $2x + x = 75 \rightarrow x = 25$
Michaela erhält 50 €, ihr Bruder 25 €
b) Gleichung: $3x = 3000 - 141 \rightarrow x = 953$
Die Zahl lautet 953.

8) a) u = 5 b) $b = \frac{1}{4}$ c) a = 3

9) $\frac{19}{10} = 190\,\%$; $45\,\% = \frac{45}{100} = \frac{9}{20}$;
$\frac{2}{5} = 40\,\%$; $60\,\% = \frac{60}{100} = \frac{3}{5}$;
$\frac{9}{50} = 18\,\%$; $25\,\% = \frac{25}{100} = \frac{1}{4}$

10) a) 42 g sind 6 % von 700 g
b) 40 € sind 4 % von 1 000 €
c) 320 dag sind 10 % von 3 200 dag
d) 35 s sind 7 % von 500 s = 8 min 20 s
e) 80 kg sind 8 % von 1 t
f) 100 min sind 25 % von 400 min

11) Die Hose kostet inklusive 20 % MWSt. 74,40 €.
Der Preis wurde um 35 % ermäßigt.

12) Das Auto müsste mit 108 km/h fahren.

13) 1) Kärnten: 10,0 %; Wien: 9,5 %; Burgenland: 8,1 %; NÖ: 7,1 %; Steiermark: 6,7 %; Tirol: 5,9 %; Vorarlberg: 5,4 %; Salzburg: 4,4 %; OÖ: 4,3 %
2) Mit den Zahlen in der Tabelle kann man unmittelbar rechnen, aus dem Diagramm müssen sie erst abgelesen werden.
Das Diagramm hat den Vorteil, dass Entwicklungen anschaulich dargestellt und Vergleiche leichter möglich sind.

14) a) $\alpha \approx 72°$, $\beta \approx 45°$, $\gamma \approx 63°$; Winkelsumme = 180°
b) S(3,7|2,9)
c) Er ist der Inkreismittelpunkt und von allen drei Seiten gleich weit entfernt.

15) a)

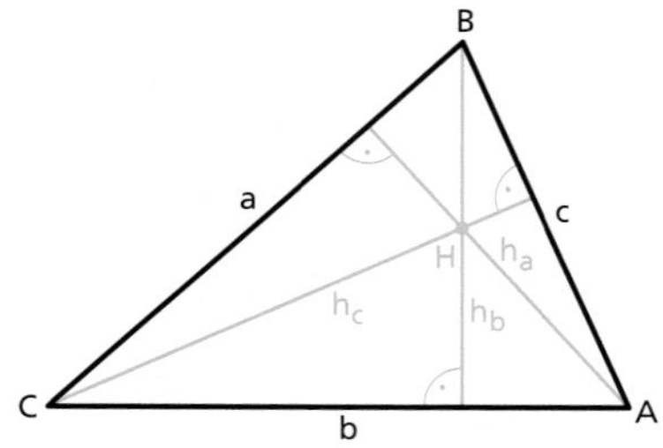

$h_a \approx 5{,}9$ cm; $h_b \approx 5{,}7$ cm; $h_c \approx 8$ cm
b) Stumpfwinklige Dreiecke haben einen Höhenschnittpunkt außerhalb des Dreiecks. Man muss die Schenkel des stumpfen Winkels verlängern, um die Höhengeraden zeichnen zu können.

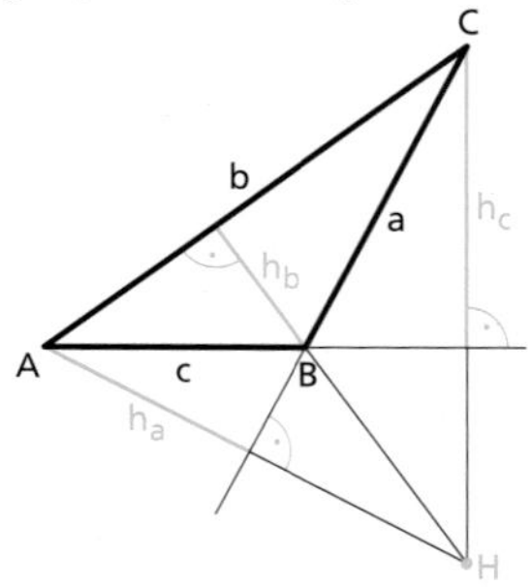

16) $\overline{RP}$ in der Zeichnung: 4 850 cm : 500 = 9,7 cm
$\overline{PQ}$ in der Zeichnung ≈ 8,7 cm
→ in Wirklichkeit:
8,7 cm · 500 = 4 350 cm = 43,5 m

17) a) $\alpha = \gamma \approx 75°$, $\beta = \delta \approx 105°$; Winkelsumme = 360°;
b) $\rho \approx 2{,}3$ cm

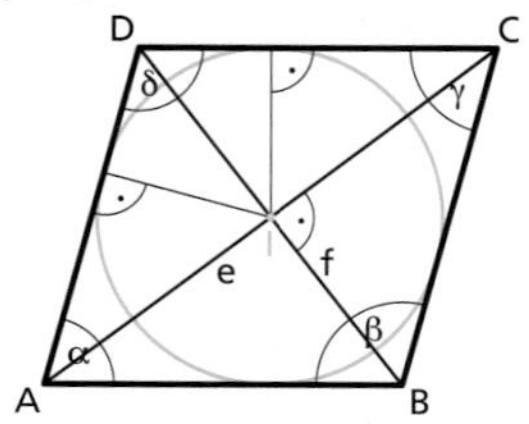

c) $A_{Teildreieck} = 5{,}51\ cm^2$; $A_{Rhombus} = 4 \cdot A_{Teildreieck} = 22{,}04\ cm^2$

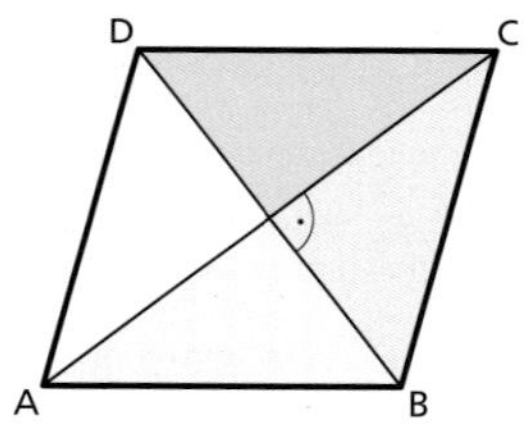

18)

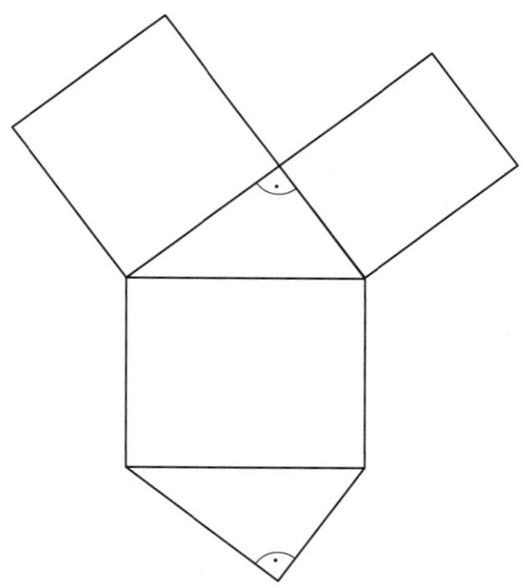

$O = 2 \cdot G + M = 2 \cdot 6 + (6 + 8 + 10) \rightarrow O = 36\ cm^2$
$V = G \cdot h = 6 \cdot 2 \rightarrow V = 12\ cm^3$

ABSCHLUSSTEST 2

(Seite 62, 63)

1) ggT(24, 36) = 12; kgV(24, 36) = 72

2) a) $\frac{17}{48}$ b) $\frac{33}{96}, \frac{34}{96}, \frac{35}{96}$

c) unendlich viele
Begründung: Beim Erweitern der Brüche auf 48stel ergibt sich $\frac{17}{48}$ als eine Bruchzahl für die gilt: $\frac{8}{24} < \frac{17}{48} < \frac{9}{24}$
Erweitert man auf 96stel, 192stel usw., findet man immer mehr Bruchzahlen für die obige Ungleichungskette gilt. Nachdem diesem Erweitern keine Grenzen gesetzt sind, gibt es zwischen $\frac{8}{24}$ und $\frac{9}{24}$ unendlich viele Bruchzahlen.

3) 0,60; 0,600; $\frac{6}{10}$; $\frac{60}{100}$; $\frac{3}{5}$; $\frac{12}{20}$; 60 %

4) $\frac{3}{5} : \frac{3}{2} - \left(0{,}7 - \frac{1}{2}\right) + \frac{9}{10} \cdot \frac{5}{3} = 1\frac{7}{10}$

$\frac{3}{5} : \left(\frac{3}{2} - 0{,}7\right) - \frac{1}{2} + \frac{9}{10} \cdot \frac{5}{3} = \frac{7}{10}$

$\frac{3}{5} : \frac{3}{2} - 0{,}7 - \frac{1}{2} + \frac{9}{10} \cdot \frac{5}{3} = 1\frac{3}{4}$

$\frac{3}{5} : \left(\frac{3}{2} - 0{,}7 - \frac{1}{2}\right) + \frac{9}{10} \cdot \frac{5}{3} = 3\frac{1}{2}$

$\frac{3}{5} : \left(\frac{3}{2} - 0{,}7 - \frac{1}{2} + \frac{9}{10}\right) \cdot \frac{5}{3} = \frac{5}{6}$

5) Er hat letzte Woche 42 Stunden gearbeitet.

6) Man hätte 20 Scheiben von 1,5 cm Dicke schneiden können.

7) a) Länge a: 2x, Breite b: x
Gleichung: 6x = 66 → x = 11
a = 22 cm, b = 11 cm

b) jüngerer Sohn: x, älterer Sohn: 2x, Tochter: x – 6
Gleichung: x + 2x + x – 6 = 50 → x = 14
Tochter: 8 Jahre, jüngerer Sohn: 14 Jahre, älterer Sohn: 28 Jahre

8) a) x = 6,5 b) y = 24,9 c) $z = \frac{3}{4}$

9) a) G = 25 cm² b) M = O – G · 2, G = (O – M) : 2

10) $\frac{7}{20} = 35\,\%$; $15\,\% = \frac{15}{100} = \frac{3}{20}$; $\frac{3}{5} = 60\,\%$;
$40\,\% = \frac{40}{100} = \frac{2}{5}$; $\frac{7}{50} = 14\,\%$; $75\,\% = \frac{75}{100} = \frac{3}{4}$

11) a) 12 s sind 3 % von 400 s = 6 min 40 s
b) 6 € sind 2 % von 300 €
c) 40 g sind 8 % von 500 g
d) 60 m sind 6 % von 1 km

12) Ein Kind muss 6,40 € bezahlen.

13) Ihr monatliches Taschengeld beträgt 50 €.

14) Die Erhöhung betrug 20 %.

15) a) Er ist mit einer mittleren Geschwindigkeit von 108 km/h unterwegs.
b) Er wird für 540 km 5 Stunden brauchen.

16) 1)

Jahr	Nächtigungen	gerundet
2010	124,9 Mio.	125 Mio.
2000	113,7 Mio.	114 Mio.
1990	123,6 Mio.	124 Mio.
1980	118,7 Mio.	119 Mio.
1970	79,5 Mio.	80 Mio.
1960	42,0 Mio.	42 Mio.
1950	15,6 Mio.	16 Mio.

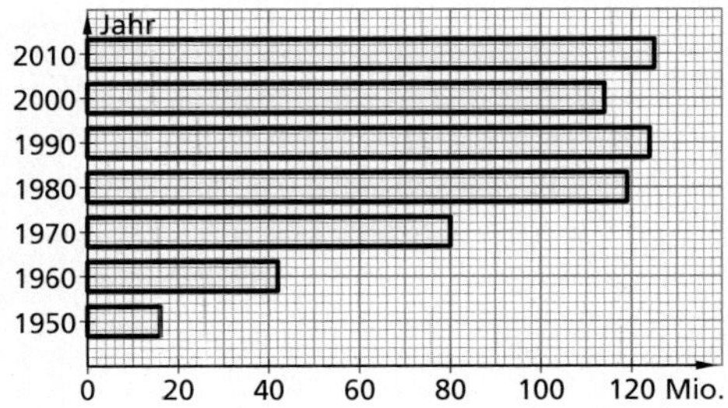

2) Mit den Zahlen in der Tabelle kann man sofort rechnen, aus dem Diagramm müssen sie erst abgelesen werden.
Das Diagramm hat aber den Vorteil, dass Entwicklungen unmittelbar abzulesen sind.

17)

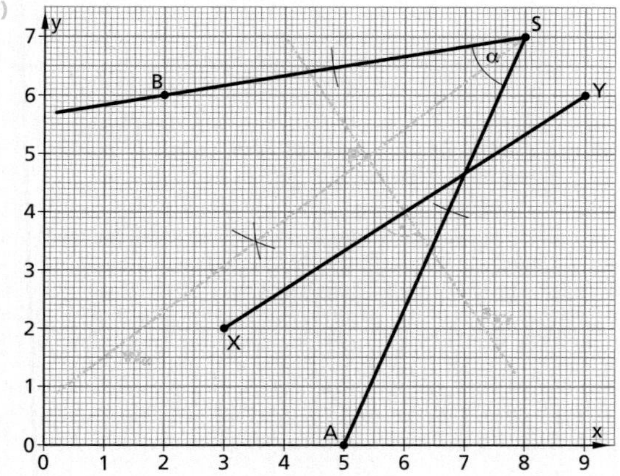

α ≈ 57°
Alle Punkte auf der Winkelsymmetrale w_α sind von den beiden Winkelschenkeln gleich weit entfernt.
Alle Punkte auf der Streckensymmetrale s_{xy} sind von X und Y gleich weit entfernt.
P(5,4|4,9)

18)

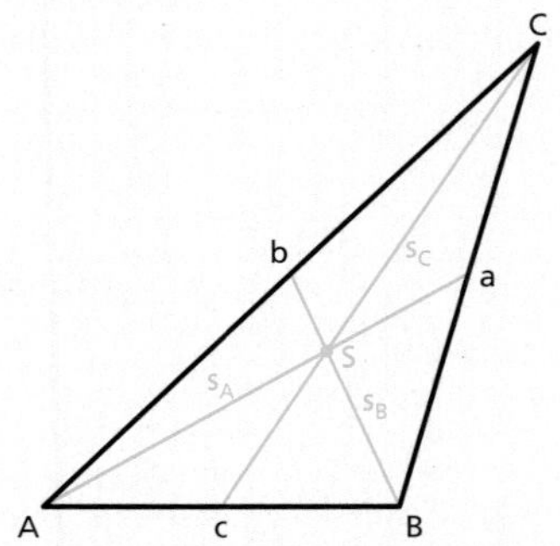

β ≈ 109°, γ ≈ 29°; Winkelsumme = 180°

19) a)

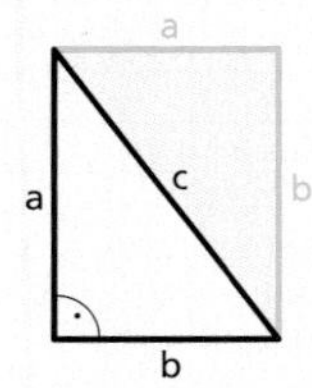

Das rechtwinklige Dreieck mit dem rechten Winkel bei C ist genau halb so groß wie das Rechteck mit den Seitenlängen a und b.
Der Flächeninhalt des Rechtecks ist A = a · b.

b) b = 6,4 cm

20) a) α = β ≈ 64°, γ = δ ≈ 116°; Winkelsumme = 360°

b) Wegen der Achsensymmetrie des gleichschenkligen Trapezes schneiden alle Seitensymmetralen einander in einem gemeinsamen Punkt, dem Umkreismittelpunkt U.

c) r ≈ 4,8 cm

21) Ein Rechteck
O = 2 · G + M = 2 · 4 + 24 → O = 32 cm²
V = G · h = 4 · 3 → V = 12 cm³

ZUORDNUNG ZU DEN KOMPETENZBEREICHEN

Seit 2009 gibt es im österreichischen Mathematikunterricht der Unterstufe die **Standards M8** (Mathematik 8. Schulstufe) mit dem zugehörigen **Kompetenzmodell**. Jenes Wissen/Können, das Schülerinnen und Schüler in der Unterstufe erwerben und das ihnen nachhaltig zur Verfügung stehen soll, wird durch Kompetenzen beschrieben. Man unterscheidet dabei vier Handlungs- und vier Inhaltsbereiche (neben drei Komplexitätsbereichen, auf die wir hier nicht näher eingehen).

Handlungsbereiche:	H1: Darstellen, Modellbilden	H3: Interpretieren
	H2: Rechnen, Operieren	H4: Argumentieren, Begründen
Inhaltsbereiche:	I1: Zahlen und Maße	I3: Geometrische Figuren und Körper
	I2: Variable, funktionale Abhängigkeiten	I4: Statistische Darstellungen und Kenngrößen

Im Arbeitsheft ist zur besseren Orientierung bei allen Aufgaben am Rand der Handlungsbereich (H1 bis H4) angegeben. Der Inhaltsbereich ergibt sich i. A. aus dem jeweiligen Kapitel. Obwohl bei jeder Aufgabe nur jeweils ein Handlungsbereich angeführt ist, wären – je nach Sichtweise und Schwerpunktsetzung – oft auch Mehrfachnennungen möglich. In der folgenden Auflistung sind zum Teil zwei Handlungsbereiche angegeben (zB H13).

	Einstiegstest	B	Teilbarkeit natürlicher Zahlen	B	Teilbarkeit natürlicher Zahlen	C	Brüche und Bruchzahlen	C	Brüche und Bruchzahlen	D	Rechnen mit Bruchzahlen	E	Gleichungen und Formeln	F	Direkte und indirekte Proportionalität	G	Prozentrechnung	H	Statistik
1	I1,H1	1	I1,H2	28	I1,H2	1	I1,H13	28	I1,H2	1	I1,H1	1	I2,H2	1	I2,H4	1	I1,H1	1	I4,H12
2	I4,H2	2	I1,H2	29	I1,H1	2	I1,H1	29	I1,H2	2	I1,H23	2	I2,H3	2	I2,H12	2	I1,H1	2	I4,H13
3	I1,H1	3	I1,H3	30	I1,H1	3	I1,H1	30	I1,H2	3	I1,H2	3	I2,H3	3	I2,H3	3	I1,H1	3	I4,H1
4	I1,H2	4	I1,H2			4	I1,H1	31	I1,H1	4	I1,H2	4	I2,H12	4	I2,H13	4	I1,H1	4	I4,H4
5	I1,H1	5	I1,H1			5	I1,H1	32	I1,H2	5	I1,H2	5	I2,H2	5	I2,H2	5	I1,H1	5	I4,H4
6	I2,H12	6	I1,H1			6	I1,H1	33	I1,H13	6	I1,H2	6	I2,H1	6	I2,H2	6	I1,H3	6	I4,H3
7	I3,H2	7	I1,H2			7	I1,H2	34	I1,H2	7	I1,H2	7	I2,H2	7	I2,H1	7	I1,H3	7	I4,H3
8	I3,H2	8	I1,H2			8	I1,H2	35	I1,H1	8	I1,H3	8	I2,H2	8	I2,H4	8	I1,H2		
9	I3,H1	9	I1,H4			9	I1,H2	36	I1,H12	9	I1,H2	9	I2,H3	9	I2,H12	9	I1,H2		
		10	I1,H3			10	I1,H1			10	I1,H2	10	I2,H2	10	I2,H1	10	I1,H2		
A	Wiederholung und Vertiefung	11	I1,H4			11	I1,H1			11	I1,H2	11	I2,H1	11	I2,H3	11	I1,H2	A	Wiederholung und Vertiefung
		12	I1,H4			12	I1,H1			12	I1,H12	12	I2,H12	12	I2,H2	12	I1,H2		
		13	I1,H4			13	I1,H1			13	I1,H2			13	I2,H2	13	I1,H2		
		14	I1,H2			14	I1,H1			14	I1,H2			14	I2,H3	14	I1,H2		
		15	I1,H23			15	I1,H3			15	I1,H2			15	I2,H1	15	I1,H2		
		16	I1,H2			16	I1,H1							16	I2,H1	16	I1,H2		
1	I1,H4	17	I1,H23			17	I1,H1							17	I2,H1	17	I1,H2	1	I3,H2
2	I1,H4	18	I1,H13			18	I1,H2							18	I2,H1			2	I3,H2
3	I1,H3	19	I1,H4			19	I1,H2							19	I2,H2			3	I3,H2
4	I1,H3	20	I1,H2			20	I1,H2							20	I2,H1			4	I23,H3
5	I1,H2	21	I1,H4			21	I1,H23							21	I2,H1			5	I3,H2
6	I1,H2	22	I1,H1			22	I1,H2							22	I2,H3			6	I3,H3
7	I1,H34	23	I1,H1			23	I1,H2											7	I3,H2
8	I14,H2	24	I1,H2			24	I1,H2												
9	I1,H2	25	I1,H1			25	I1,H4												
10	I1,H3	26	I1,H1			26	I1,H2												
11	I4,H14	27	I1,H2			27	I1,H24												

B	Erweiterung der geometrischen Grundbegriffe	C	Dreieck	C	Dreieck	C	Dreieck	D	Vierecke und regelmäßige Vielecke	D	Vierecke und regelmäßige Vielecke	E	Prisma	1	Abschlusstest	1	Abschlusstest	2	Abschlusstest	2	Abschlusstest
1	I3,H3	1	I3,H3	13	I3,H12	25	I3,H3	1	I3,H2	13	I3,H2	1	I3,H3	1	I1,H4	13	I4,H13	1	I1,H2	13	I1,H2
2	I3,H2	2	I3,H1	14	I3,H2	26	I3,H2	2	I3,H23	14	I3,H23	2	I3,H3	2	I1,H1	14	I3,H2	2	I1,H4	14	I1,H2
3	I3,H3	3	I3,H3	15	I3,H2	27	I23,H3	3	I3,H2			3	I3,H23	3	I1,H12	15	I3,H2	3	I1,H1	15	I1,H1
4	I3,H2	4	I3,H2	16	I3,H2	28	I3,H2	4	I3,H3			4	I3,H3	4	I1,H1	16	I3,H12	4	I1,H2	16	I4,H1
5	I3,H13	5	I3,H2	17	I3,H2	29	I3,H23	5	I3,H2			5	I3,H2	5	I1,H1	17	I3,H2	5	I1,H1	17	I3,H2
6	I3,H3	6	I3,H2	18	I3,H2			6	I3,H2			6	I3,H12	6	I2,H1	18	I3,H2	6	I1,H1	18	I3,H2
7	I3,H2	7	I3,H2	19	I3,H2			7	I3,H2			7	I3,H2	7	I2,H1			7	I2,H12	19	I3,H24
8	I3,H2	8	I3,H3	20	I3,H1			8	I3,H3			8	I3,H12	8	I2,H2			8	I2,H2	20	I3,H24
9	I3,H23	9	I3,H4	21	I3,H2			9	I3,H2					9	I1,H1			9	I2,H2	21	I3,H3
10	I3,H2	10	I3,H2	22	I3,H2			10	I3,H2					10	I1,H2			10	I1,H1		
11	I3,H2	11	I3,H3	23	I3,H2			11	I3,H3					11	I1,H2			11	I1,H2		
12	I3,H2	12	I3,H2	24	I3,H2			12	I3,H2					12	I1,H1			12	I1,H2		

H 2 **16** Löse das Kreuzzahlrätsel! Setze die Kommas jeweils in eigene Kästchen!

a	b	c		d	e
f			g		
		h		i	
j	k				
			l		
m		n			o
		p			
q			r		

Waagrecht	Senkrecht
a 40 % von 355	a 15 % von 124
d 70 % von 40	b 70 % von 60
f 60 % davon sind 49,5	c 3 % von 72
h 30 % von 3 490	d 200 % als Dezimalzahl
j 75 % von 808,2	e 5 % von 175
l 45 % davon sind 30,6	g 25 % von 202,4
m 50 % von 764	i 200 % davon sind 837,9
p 92 % als Dezimalzahl	k 80 % als Dezimalzahl
q 80 % davon sind 19,2	m 120 % von 260
r 150 % von 370	n 45 % davon sind 9
	o 17 % von 2 500

H 2 **17** Löse die Aufgaben und male die Ergebnisfelder bunt an!

1) In einem Elektrofachgeschäft kostet ein Plasma-Fernsehgerät ohne MWSt. 611,50 €.

Der Kunde muss für das Fernsehgerät inklusive 20 % MWSt. ____________ bezahlen.

2) Von den 75 Kindern der 2. Klassen essen 80 % gern Spaghetti, das sind __________ Kinder.

3) Herr Jung erhält eine Gehaltserhöhung von 42 €, das sind 2,4 % seines ursprünglichen Einkommens.

Vor der Gehaltserhöhung hat Herr Jung _________ verdient.

4) Von den 445 Schülerinnen und Schülern einer Schule besuchen 178 einen Sportverein,

das sind ______.

5) Jonas hat beim Kauf einer Jacke 18 € gespart, das waren 15 % des Kaufpreises.

Ohne Preisnachlass hätte Jonas für die Jacke _________ bezahlen müssen.

6) Die Miete für eine Wohnung wurde um 8 % erhöht und beträgt nun 783 €.

Die bisherige Miete betrug ________.

7) In einer U-Bahn-Station gab es eine Fahrscheinkontrolle. Es wurden 36 Schwarzfahrerinnen bzw. Schwarzfahrer ertappt, das sind 25 % aller kontrollierten Fahrgäste.

Es wurden ______ Fahrgäste kontrolliert.

8) Ein Handy wird wegen Kratzern auf dem Display mit 35 % Preisnachlass verkauft. Es kostet jetzt 24,50 € weniger.

Der ursprüngliche Preis war ______. Das Handy kostet jetzt nur noch ______.

9) Auf einem 1 250 m^2 großen Grundstück steht ein Haus mit einer Grundfläche von 187,5 m^2.

Der Gartenanteil beträgt ______.

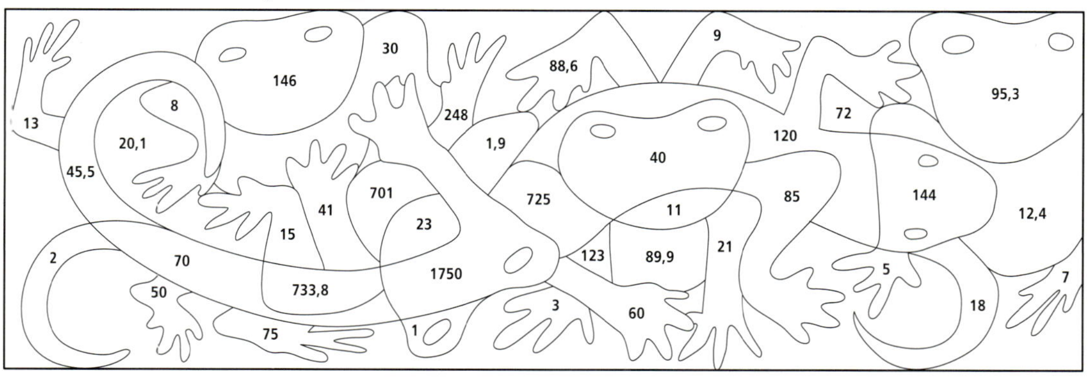

Wähle zum Füllen der Lücken aus den rechts stehenden Wörtern die passenden aus!
Trage die Silben in der Reihenfolge der Lücken in den Lösungstext ein!

Ein Prozent ist der ____________ Teil eines Ganzen. Das Wort „Procent“ kommt vom ________________ „per cento“ (pro hundert).

5 % sind 5 Hundertstel oder ein ______________.

10 % sind 10 Hundertstel oder ein ______________.

20 % sind 20 Hundertstel oder ein ______________.

25 % sind 25 Hundertstel oder ein ______________.

50 % sind 50 Hundertstel oder ein ______________.

100 % sind 100 Hundertstel oder ein ______________.

200 % sind 200 Hundertstel oder ________________.

Mit ____________________ kann man Daten besser vergleichen.

Prozentsätze können auch ______________ als Prozentstreifen oder Prozentkreis dargestellt werden.

Beim __________________ muss man zuerst die Prozentsätze in Längen umrechnen. Das ist besonders einfach, wenn man den Gesamtstreifen __________ lang zeichnet. Es gilt dann: 1 % ≙ ______

Beim ________________ muss man die Prozentsätze in Zentriwinkelgrade umrechnen. 1 % von ______ = 360° : 100 = 3,6° → 1 % ≙ ______

Zum Prozentrechnen musst du dir ______ wichtige Begriffe merken:
Von den **25** Kindern der **2A-Klasse** haben **15** ein Haustier, das sind **60 %**.

↓ ↓ ↓

____________ G (100 %) (Prozent-)____________ A ____________ p %

Wenn ______ der Größen gegeben sind, lässt sich die dritte berechnen.

Die Grundaufgaben der Prozentrechnung kannst du zB mit Hilfe der ________________________ oder auch mit Formeln berechnen. Es genügt, wenn du dir eine __________ merkst. Aus dieser kannst du dir dann die anderen Formeln ____________.

Formel für die Berechnung des (____________-)Anteils: $A = G \cdot \frac{p}{100}$

Kurzsprechweise: Anteil = Grundwert mal p ______________

Zur Angabe von ______________ wird das Zeichen ‰ (____________) verwendet. __________ ist ein Tausendstel.

ableiten	Lö
Anteil	sie
Begriffe	der
drei	nen
Formel	*
Fünftel	die
Ganzes	nen
graphisch	*
Grund	ur
Grundwert	*
Halbes	Spin
hundertste	Wenn
Hundertstel	*
italienischen	*
Promille	hal
Prozent	wen
Prozentangaben	den
Prozentkreis	tun,
Prozentsatz	*
Prozentstreifen	zu
Schlussrechnung	nen
Tausendsteln	fest
Teil	ge
Viertel	*
Zehntel	*
Zwanzigstel	sich
zwei	ei
zwei Ganze	fä
1 mm	men
1 ‰	ten.
10 cm	sam
3,6°	kön
360°	*

Lösungstext: ____

____

(Sprichwort aus Ghana)

H 1 **1** In der Tabelle ist das Ergebnis einer Mathematikschularbeit in der 2A-Klasse dargestellt.

1) Berechne jeweils die relativen Häufigkeiten der einzelnen Noten in Dezimal- und in Prozentschreibweise! Gib auch die Summen der relativen Häufigkeiten an!

2) Stelle die relativen Häufigkeiten in einem Säulendiagramm mit geeignet gewähltem Maßstab dar!

Noten	absolute Häufigkeiten	relative Häufigkeiten	
		Dezimal	Prozent
Sehr gut	4		
Gut	6		
Befriedigend	8		
Genügend	4		
Nicht genügend	3		
Summe			

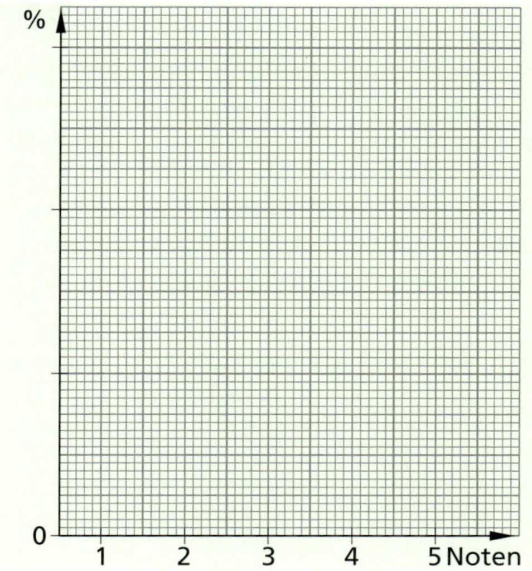

H 3 **2** Die Figur zeigt die mittleren Rohölpreise (in Euro/Barrel) und die Durchschnittspreise von 1 l Normalbenzin (in Euro) in Österreich in den Jahren 2002–2011 jeweils für Jänner. Lies die einzelnen Werte ab und trage diese in die Tabelle ein! (1 Barrel (US) … 1,5899 hl)
Kannst du einen Zusammenhang zwischen den Polygonzügen erkennen?

____

____

Jahr	Preis je Barrel	Preis je 1 l Benzin
2002		
2003		
2004		
2005		
2006		
2007		
2008		
2009		
2010		
2011		

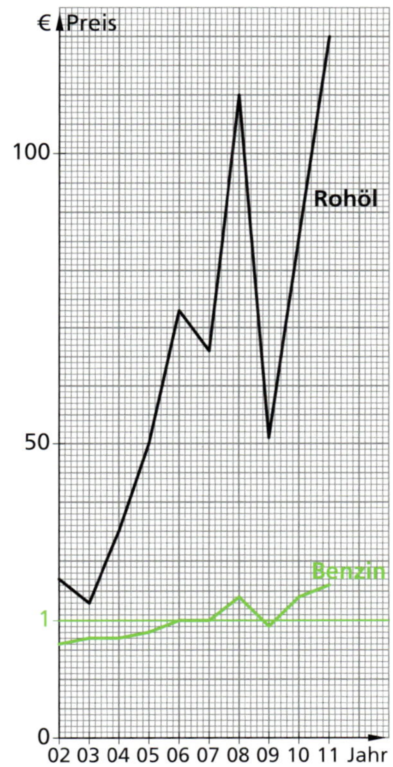

H 1 **3** **Landtagswahl in Tirol 2008:**
In der Tabelle sind die gültigen Stimmen für die kandidierenden Parteien in Prozent angeführt. Stelle die Prozentsätze im nebenstehenden Kreisdiagramm dar! Berechne zuerst die Zentriwinkel der einzelnen Kreisausschnitte auf ganze Grad gerundet (1 % ≙ 3,6°)!

Partei	Ergebnis	Zentriwinkel
ÖVP	40,5 %	
Liste Fritz Dinkhauser	18,4 %	
SPÖ	15,5 %	
FPÖ	12,4 %	
Die Grünen	10,7 %	
Sonstige	2,6 %	

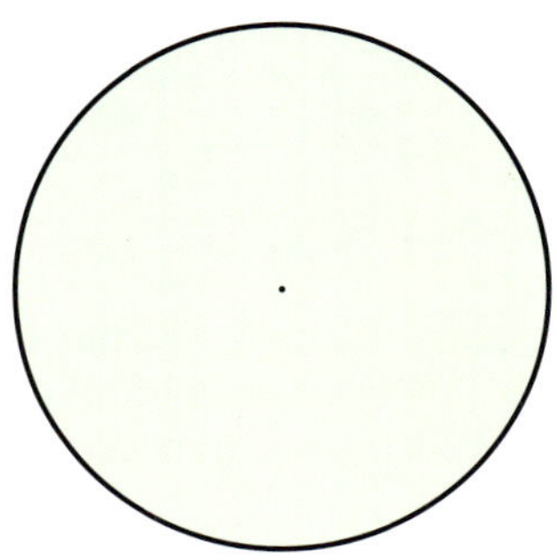

H 4 **4** Vor 2001 kostete in Wien ein Fahrschein 19 Schilling (entspricht: 1,38 €). Demnächst soll ein Fahrschein 2,50 € kosten.
Man kann nun sagen: Ein Fahrschein kostet 2012 fast doppelt so viel wie im Jahr 2001 (linkes Bild).
Man kann aber auch sagen, dass er im Jahr 2001 rund halb so viel kostete wie im Jahr 2012 (rechtes Bild).
Welches der beiden Diagramme wird ein verärgerter Benützer der öffentlichen Verkehrsmittel zur Argumentation verwenden? Benenne den Grund dafür!

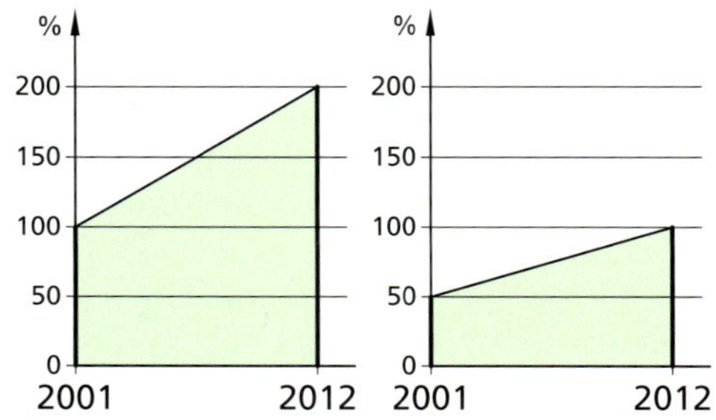

____

Welche Interessensgruppe wird zur Verdeutlichung ihres Anliegens das andere Schaubild verwenden?

Warum? ____

H 4 **5** „Die Bevölkerungszahl ist in den Jahren 1971–1991 nur langsam, in den Jahren 2005–2011 aber stark gewachsen!" Warum ist die Aussage aus der Graphik so nicht ablesbar?

____

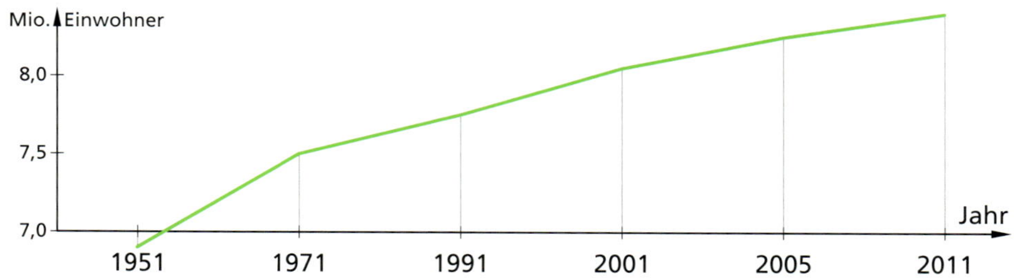

H 3 **6** Die nebenstehenden Figuren zeigen die Entwicklung des Preises (in Euro) für 1 l Superbenzin.

1) Erkläre, wodurch sich die beiden Figuren unterscheiden!

____

____

2) Beide Darstellungen sind korrekt und dennoch vermitteln sie verschiedene Eindrücke. Welche?

____

____

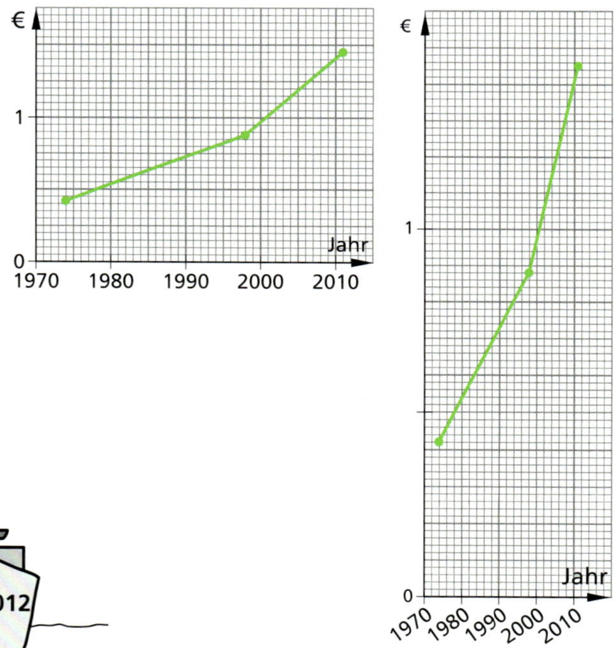

H 3 **7**

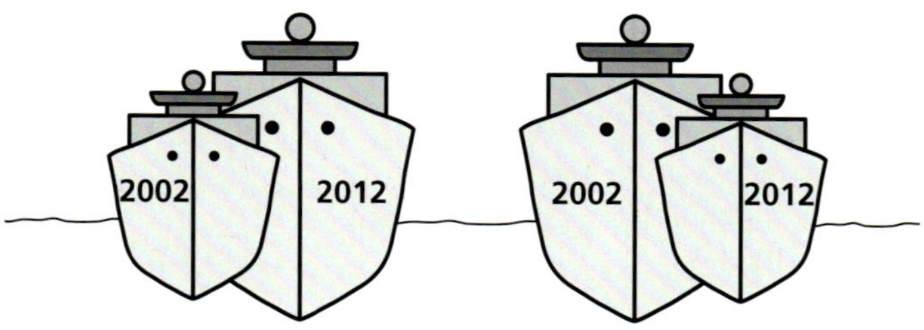

Warum wird eine Firma, die Schiffe baut, bei einer Steigerung des Absatzes um ca. $\frac{1}{3}$ von 2002 bis 2012 die linke Darstellung öffentlich präsentieren, während sie einen eventuellen Rückgang des Absatzes um ebenfalls ca. $\frac{1}{3}$ in dieser Zeit sicher nicht in der Form rechts darstellen wird?

____

Was bewirkt den falschen Eindruck? ____

Wähle zum Füllen der Lücken aus den rechts stehenden Wörtern die passenden aus!
Trage die Buchstaben in der Reihenfolge der Lücken in das Lösungswort ein!

Erheben von Daten

Die ____________________ der abgegebenen gültigen Stimmen bei der Nationalratswahl 2008 betrug 4 887 309 Stimmen. Die Anzahl der Stimmen für eine Partei wird absolute _______________ genannt.

SPÖ	ÖVP	FPÖ	BZÖ	Die Grünen	Sonstige
1 430 206	1 269 656	857 029	522 933	509 936	297 549

Beim Auszählen kleinerer ____________________ kann eine _______________ hilfreich sein.

Auswerten der Daten

Die _______________ Häufigkeit ist der ____________ der Stimmen für eine politsche _____________ an der Gesamtzahl der gültigen Stimmen. Die relative Häufigkeit wird als __________________ zwischen 0 und 1 oder in _______________________ angegeben.

SPÖ	ÖVP	FPÖ	BZÖ	Die Grünen	Sonstige
29,26 %	25,98 %	17,54 %	10,70 %	10,43 %	6,09 %

Darstellen von Daten

Durch Darstellungen können wichtige Informationen und Veränderungen deutlicher ____________ gemacht werden.
Folgende Darstellungsformen sind gebräuchlich:
Streifendiagramm (Säulen- oder _________________________)
Streckendiagramm
____
Prozentstreifen
Kreisdiagramm
Polygonbild
Für die Nationalratswahl sind rechts ein Balkendiagramm, ein Prozentstreifen und ein ____________________ dargestellt.

Interpretieren von graphischen Darstellungen

Ein genaues Betrachten und _________________
Beurteilen von _______________ Darstellungen ist notwendig.
Denn mit Hilfe von raffinierten Darstellungen kann ein _______________ Betrachter _______________ werden.

Lösungswort: _ _ _ _ _ _ _ _ _ _ _ _ _ _ _ _ _ _

- Anteil T
- Auszählen O
- Balkendiagramm T
- Betrachten R
- Datenmengen N
- Dezimalzahl V
- Gesamtzahl M
- getäuscht G
- graphischen U
- Häufigkeit A
- Kreisdiagramm I
- kritisches L
- Merkmal P
- Partei S
- Piktogramm E
- Polygon X
- Prozentschreibweise E
- relative A
- sichtbar R
- Strichliste D
- unerfahrener N
- Veränderungen M
- Vorteil B

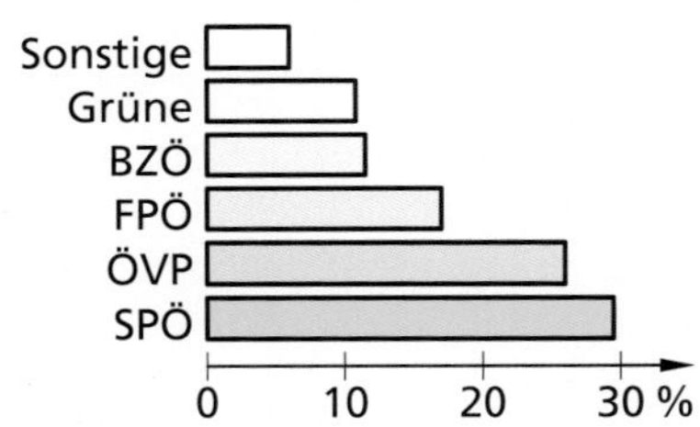

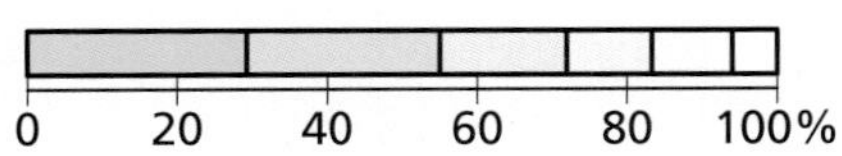

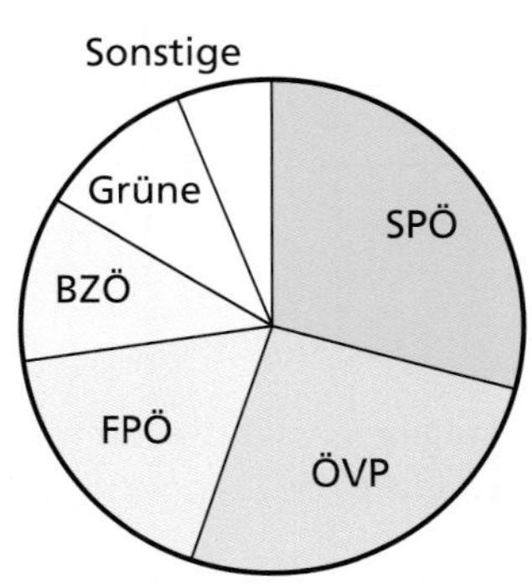

H 2 **1** Zeichne drei Parallele a, b und c zum Durchmesser d so, dass die Gerade a am Kreis k vorbeigeht, die Gerade b den Kreis k in zwei Punkten schneidet und die Gerade c eine Tangente des Kreises k ist!

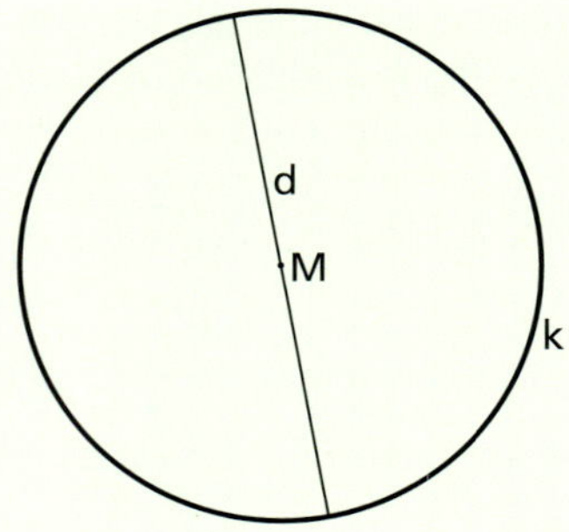

H 2 **2**
a) Zeichne im Punkt P eine 3,4 cm lange Sehne ein und kennzeichne das durch diese Sehne festgelegte Kreissegment durch Anmalen!
b) Zeichne den Radius MQ ein! Dieser Radius soll einen Kreissektor mit dem Zentriwinkel $\alpha = 55°$ begrenzen! Kennzeichne diesen Sektor durch Anmalen!

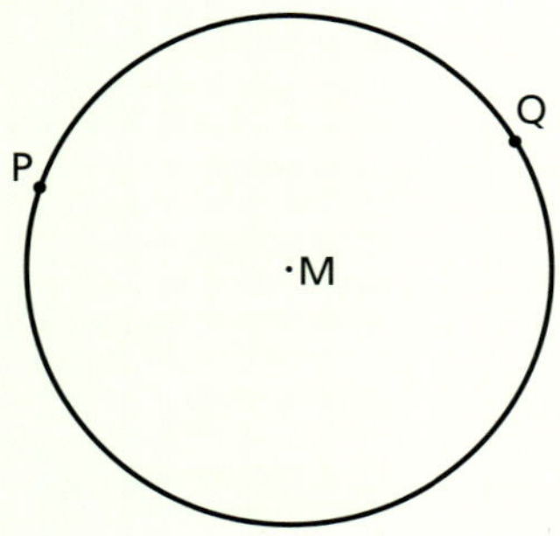

H 2 **3** Vervollständige das Rechteck ABCD so, dass die Seite b = 3,2 cm lang wird! Zeichne die beiden Diagonalen ein und konstruiere den Umkreis des Rechtecks!
Wie lang sind die Diagonalen und wie groß ist der Radius des Umkreises?
Wie groß sind Umfang und Flächeninhalt des Rechtecks?

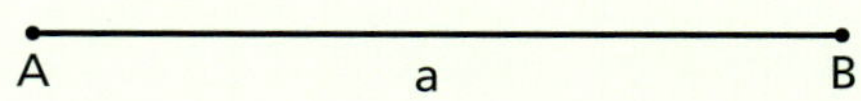

d ≈ ____ cm r ≈ ____ cm

u = ____ cm A = ____ cm²

H 3 **4**
a) Berechne Umfang und Flächeninhalt des Quadrats ABCD mit a = 5,7 cm!

u = ____ cm, A = ____ cm²

b) Auf das Wievielfache wächst der Umfang des Quadrats an, wenn man seine Seitenlängen verdoppelt, verdreifacht, vervierfacht …?

Der Umfang wird ________, ________, ________ …

c) Auf das Wievielfache wächst der Flächeninhalt des Quadrats an, wenn man seine Seitenlängen verdoppelt, verdreifacht, vervierfacht …?

Der Flächeninhalt wird ________, ________, ________ …

H 2 **5**
a) Von einem Rechteck kennt man den Umfang u = 76,4 cm und die Länge der Seite b = 9,8 cm. Wie lang ist die Seite a und wie groß ist der Flächeninhalt des Rechtecks?

a = ____ cm, A = ____ cm²

b) Von einem Rechteck kennt man den Flächeninhalt A = 86,1 cm² und die Länge der Seite b = 8,2 cm. Wie lang ist die Seite a und wie groß ist der Umfang des Rechtecks?

a = ____ cm, u = ____ cm

H 3 **6** Welche der folgenden Abbildungen stellen kein Würfelnetz dar? Streiche durch!

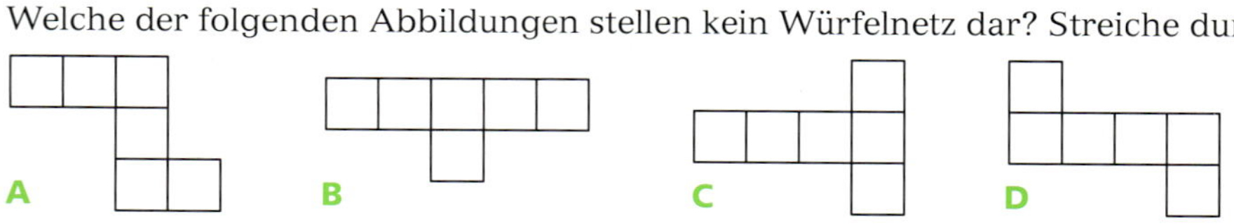

H 2 **7** Ein Quader hat die Kantenlängen a = 4,2 cm, b = 3,4 cm und c = 2,8 cm.
Berechne die Summe aller Kantenlängen, die Oberfläche und den Rauminhalt des Quaders!

Summe der Kantenlängen = ____ cm O = ____ cm² V = ____ cm³

H 3 **1** Gib die Art des Winkels an, schätze seine Größe und überprüfe deine Schätzung mit Hilfe eines Winkelmessers! Verlängere die gezeichneten Schenkel so weit wie nötig!

	α	β	γ	δ
Winkelart				
Schätzung				
Messung				

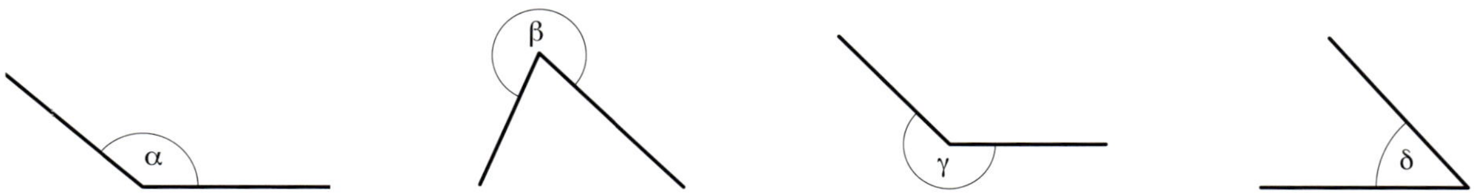

H 2 **2** Konstruiere die Winkel und verwende die vorgezeichneten Schenkel und Scheitel!

α = 57°   β = 117°   γ = 212°

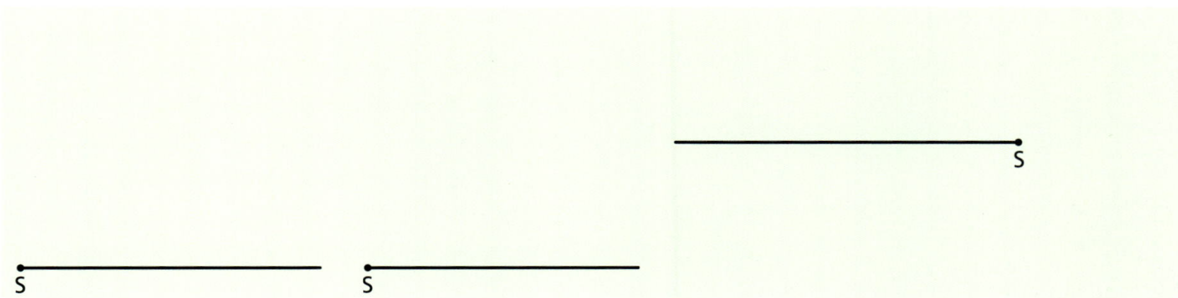

H 3 **3** Verwende die Bezeichnungen im nebenstehenden Dreieck **PQR** und ergänze wie für den Winkel α vorgegeben!

α = ∢ **rq** = ∢ **RPQ**   β = ∢ ___ = ∢ ___   γ = ∢ ___ = ∢ ___

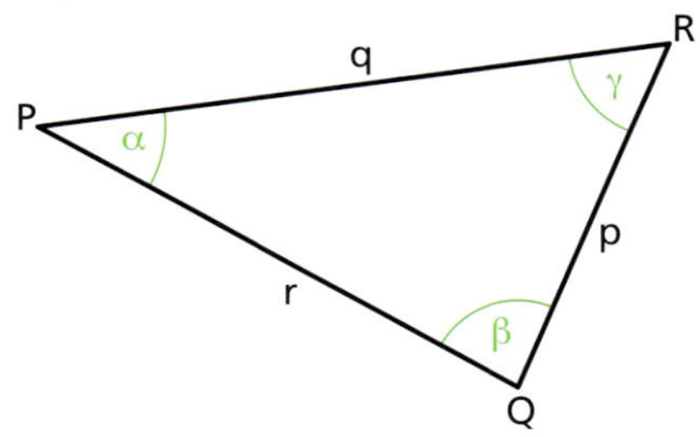

H 2 **4** Verwende die Winkel α, β und γ aus dem Dreieck **PQR** und die unten vorgezeichneten Schenkel und Scheitel!
Konstruiere ohne Winkelmesser und überprüfe deine Zeichnung anschließend durch Messen und Rechnen!

α + β = ___   3 · α – γ = ___

H 1 **5** **a)** Ordne die richtigen Umrechnungen zu!

2° 15′	215′
2° 05′	2,25°
3° 35′	125′
3° 05′	185′

b) Ordne die richtigen Rechenergebnisse zu!

12° 34′ + 23° 58′	35° 13′
48° 32′ – 12° 56′	35° 36′
11° 44′ · 3	35° 12′
140° 52′ : 4	36° 32′

H 3 **6** Trage die Größen der färbig gekennzeichneten Winkel ein!

a)

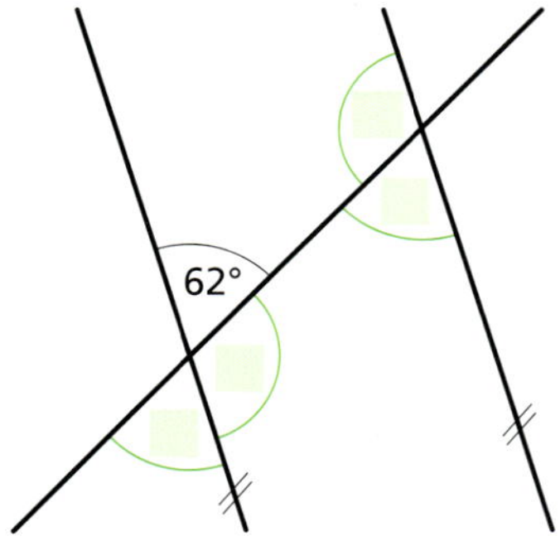

b)

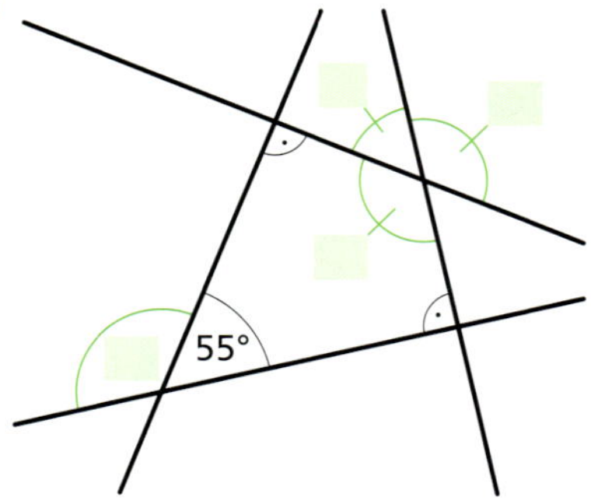

H 2 **7** Zeichne das durch die Koordinaten der Eckpunkte gegebene Viereck ABCD und seine Diagonalen!
Gib die Koordinaten des vierten Eckpunktes und die des Diagonalenschnittpunktes M an!

a) Quadrat ABCD [A(4|1), B(7|4), C(4|7), D]

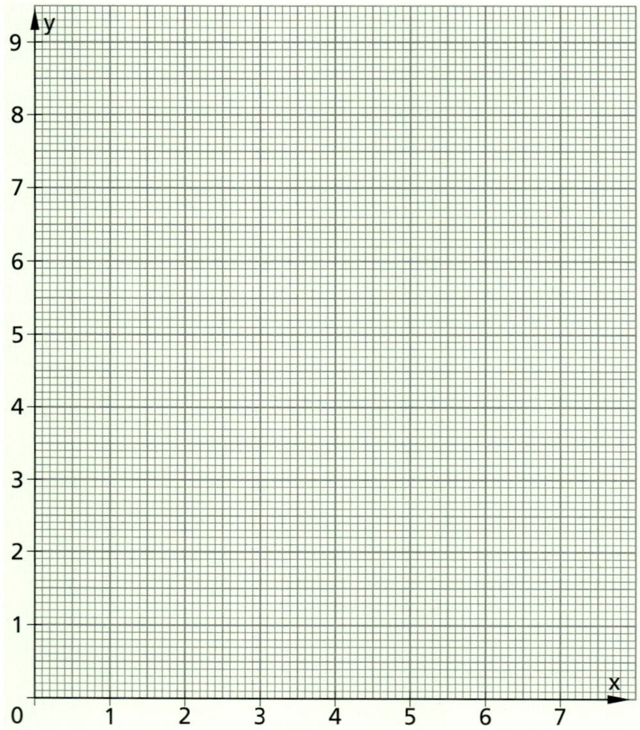

D(|), M (|)

b) Rechteck ABCD [A(2|0), B(6|1), C, D(0|8)]

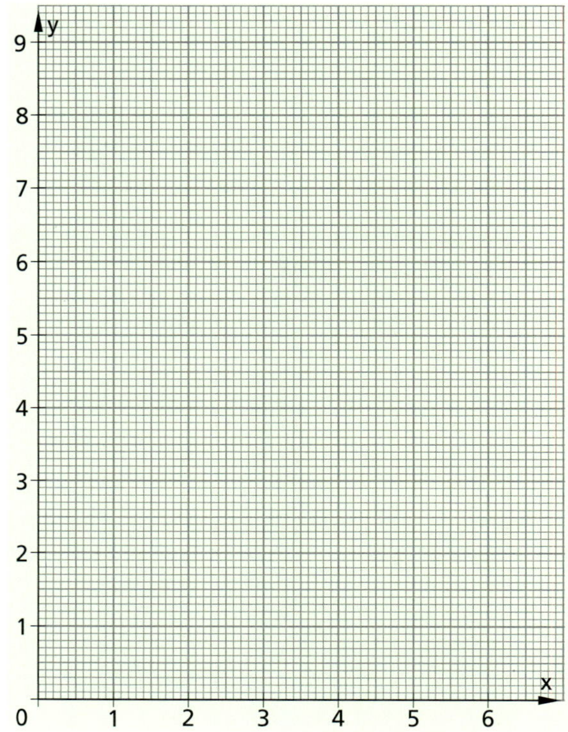

C(|), M (|)

H 2 **8** Zeichne den Kreis k mit dem Mittelpunkt M(3|3) und dem Radius r = 3 cm!
Zeichne die Gerade g, die durch die Punkte P(5|0) und Q(0|6) verläuft!
Gib die Koordinaten der beiden Schnittpunkte von g mit k an!

S_1(|), S_2(|)

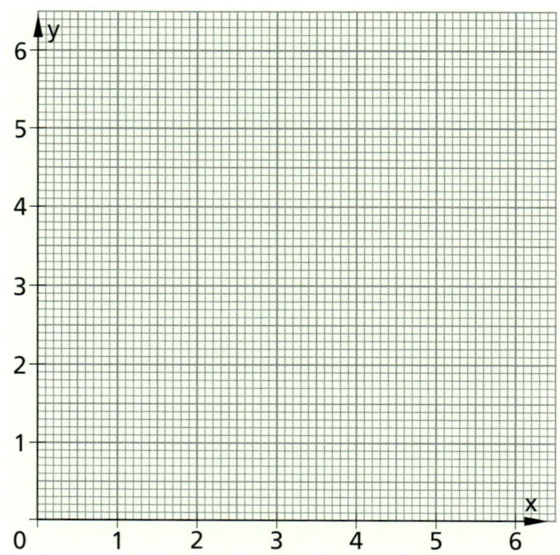

H 3 **9** Zeichne jeweils alle Symmetrieachsen ein!

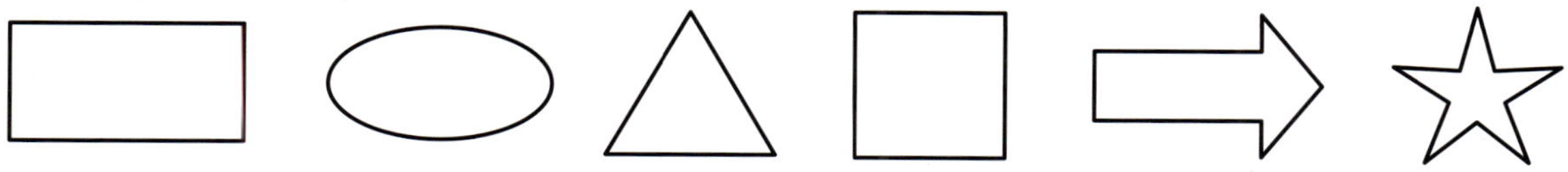

H 2 **10** Spiegle das Dreieck ABC [A(0|4), B(3|1), C(2|5)] an der Geraden g [I(4|1), II(4|5)]! Gib die Koordinaten der gespiegelten Punkte an!

A_1(|)

B_1(|)

C_1(|)

H 2 **11** Spiegle das Rechteck ABCD an der Geraden g!

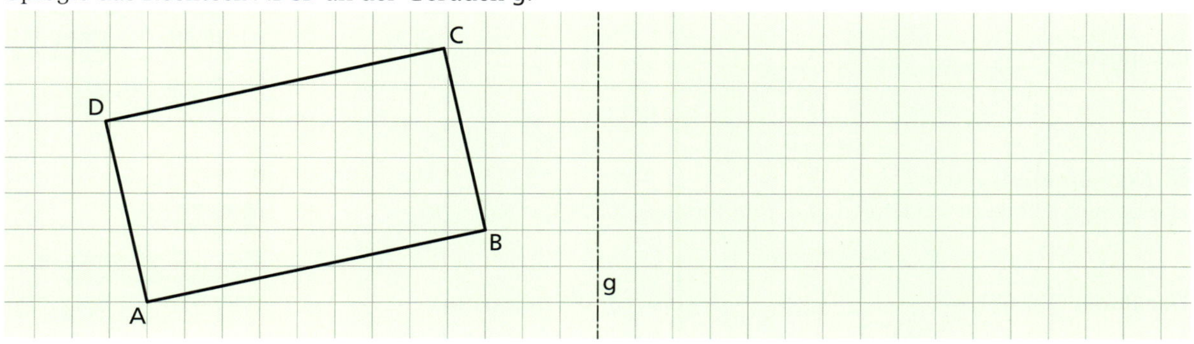

H 2 **12**

a) Konstruiere die Streckensymmetralen s_{AB} und s_{CD} und gib die Koordinaten ihres Schnittpunktes S an! S(|)

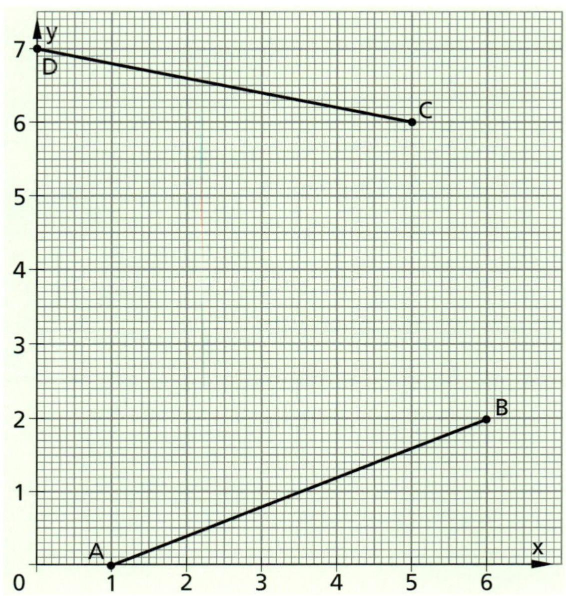

b) Konstruiere die Winkelsymmetralen w_α und w_β und gib die Koordinaten ihres Schnittpunktes S an! S(|)

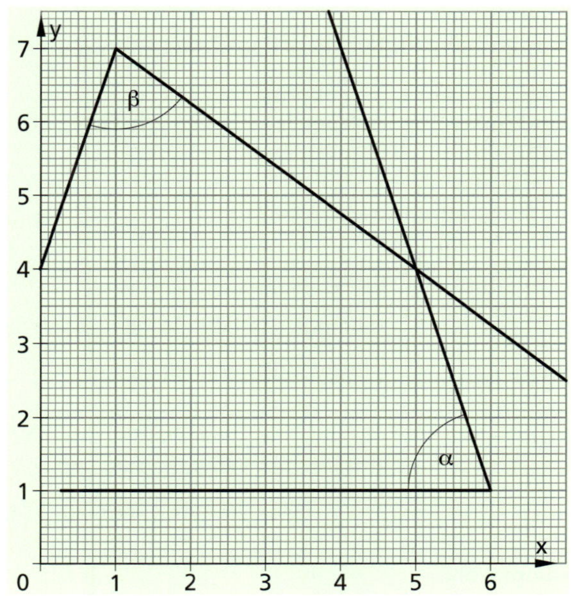

Wähle zum Füllen der Lücken aus den rechts stehenden Möglichkeiten die passenden aus!
Trage die Buchstaben in der Reihenfolge der Lücken in das Lösungswort ein!

Winkel

Winkel können mit Hilfe ihrer beiden Winkelschenkel oder durch drei ________ angegeben werden.

$\alpha = \sphericalangle bc = \sphericalangle cb$ oder $\alpha = \sphericalangle CAB = \sphericalangle BAC$

$\beta = \sphericalangle$ ____ $= \sphericalangle ac$ oder $\beta = \sphericalangle$ ____ $= \sphericalangle CBA$

$\gamma = \sphericalangle$ ____ $= \sphericalangle ba$ oder $\gamma = \sphericalangle$ ____ $= \sphericalangle ACB$

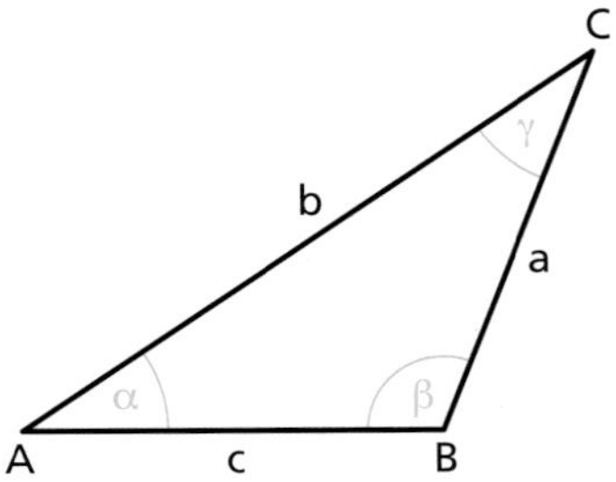

1 (Winkel-)Grad (1°) ist der ____________ Teil des rechten Winkels.

Für spitze Winkel α gilt: 0° < α < ____, für ________ Winkel: 90° < α < ________,

für erhabene Winkel: 180° < α < ________°

1 (Winkel-)Grad = ____ (Winkel-)Minuten (1° = ____)

Winkel, deren Schenkel paarweise parallel sind, nennt man ______________.

Winkel, deren ________ paarweise aufeinander ________________,

nennt man ________________. Zwei solche Winkel sind entweder

____________ oder sie ergänzen einander ________.

Lösungswort: _ _ _ _ _ _ _ _ _ _ _ _ _ _ _ _ _ _

- ab **K**
- ABC **N**
- auf 180° **N**
- ba **A**
- BCA **E**
- ca **I**
- gleich groß **O**
- neunzigste **L**
- normal stehen **T**
- Normalwinkel **I**
- Parallelwinkel **U**
- Punkte **W**
- Schenkel **K**
- stumpfe **O**
- 60 **T**
- 60′ **R**
- 90 **J**
- 90° **K**
- 180° **N**
- 180 **T**
- 360 **S**
- 360° **B**

Koordinatensystem

Die beiden Koordinatenachsen, die vom Punkt (0|0) ausgehen, sind

________________. Sie stehen ____________________.

Der Punkt O(0|0) heißt ____________ des Koordinatensystems.

Die 1. Koordinatenachse wird auch als ________ bezeichnet, die

2. Koordinatenachse als __________. Jeder Punkt im

Koordinatensystem wird durch ein ____________ festgelegt.

Symmetrie

Symmetrische Figuren werden durch eine Symmetrieachse

(____________) in zwei ______________ Teile geteilt.

Zwei Punkte, die symmetrisch bezüglich einer Geraden g liegen,

haben von dieser Geraden g ____________________.

Ihre Verbindungsstrecke steht __________ zur Geraden g.

Die Streckensymmetrale s_{AB} ____________ die Strecke AB und

steht ________ normal. Sie besteht aus genau jenen Punkten, die von den

beiden ____________ der Strecke AB ____________ entfernt sind.

Die ________________ w_α halbiert den Winkel α. Sie besteht aus genau jenen Punkten des Winkelfeldes von α, die von den

beiden __________ des Winkels α denselben Abstand haben.

Lösungswort: _ _ _ _ _ _ _ _ _ _ _ _ _ _ _ _

- auf AB **A**
- aufeinander normal **I**
- denselben Abstand **E**
- deckungsgleiche **T**
- Endpunkten **P**
- gleich weit **I**
- halbiert **P**
- normal **R**
- Schenkeln **R**
- Spiegelachse **E**
- Streckensymmetrale **S**
- Ursprung **L**
- Winkelsymmetrale **E**
- x-Achse **L**
- y-Achse **I**
- Zahlenpaar **M**
- Zahlenstrahlen **M**

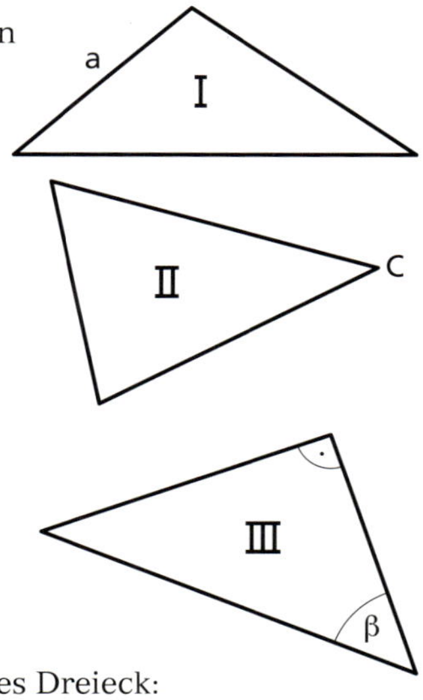

H 3 **1** Ergänze in den drei abgebildeten Dreiecken I, II und III jeweils die fehlenden Beschriftungen (Eckpunkte, Seiten, Winkel)!

H 1 **2** Bezeichne die Winkel α, β und γ eines Dreiecks ABC!

a) mit Hilfe der Seiten:

α = ∢bc = ∢cb   β = ___ = ___   γ = ___ = ___

b) mit Hilfe der Eckpunkte:

α = ___ = ___   β = ∢ABC = ∢CBA   γ = ___ = ___

H 3 **3** Welches der Dreiecke I, II und III hat die folgende Eigenschaft?

spitzwinklig: ___   rechtwinklig: ___   stumpfwinklig: ___

H 2 **4** Dreiecke kann man auch nach ihren Seitenlängen einteilen.
Zeichne beliebig große, aber passende Dreiecke!

gleichseitiges Dreieck: gleichschenkliges Dreieck: allgemeines Dreieck:

A —— B   A —— B   A —— B

H 2 **5** **a)** Zeichne mit Hilfe der vorgegebenen Seite AB ein gleichschenklig-rechtwinkliges Dreieck mit γ = 90°!
b) Gib ein Beispiel aus deinem Alltag für ein gleichschenklig-rechtwinkliges Dreieck an!

____

A —— B

H 2 **6** Von einem Dreieck kennt man zwei Winkel. Gib die Größe des dritten Winkels an!

a) α = 37°, β = 85°, γ = ___   **b)** α = 112°, β = ___, γ = 49°   **c)** α = ___, β = $62\frac{1}{2}$°, γ = $45\frac{1}{4}$°

H 2 **7** Wie groß ist der dritte Winkel eines rechtwinkligen Dreiecks mit γ = 90°?

a) α = 49°, β = ___   **b)** α = ___, β = 56,4°   **c)** α = $72\frac{1}{4}$°, β = ___

H 3 **8** Jeder Außenwinkel eines Dreiecks ergänzt den zugehörigen Innenwinkel auf 180°. Ergänze im Dreieck rechts die Größen der gekennzeichneten Winkel!

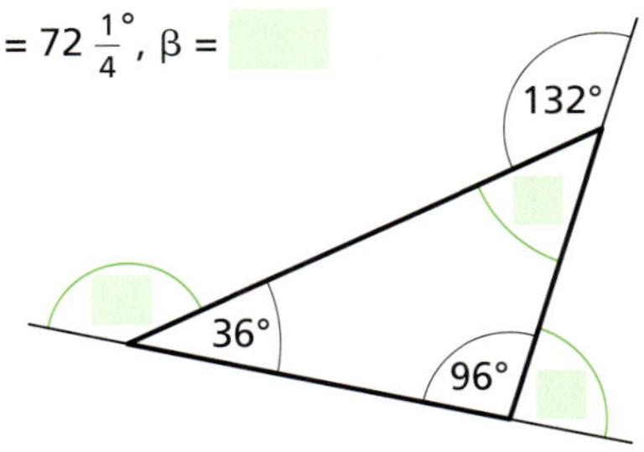

H 4 **9** Verwende die folgende Abbildung und ergänze den angeführten Beweis für die Summe der Innenwinkel im Dreieck!

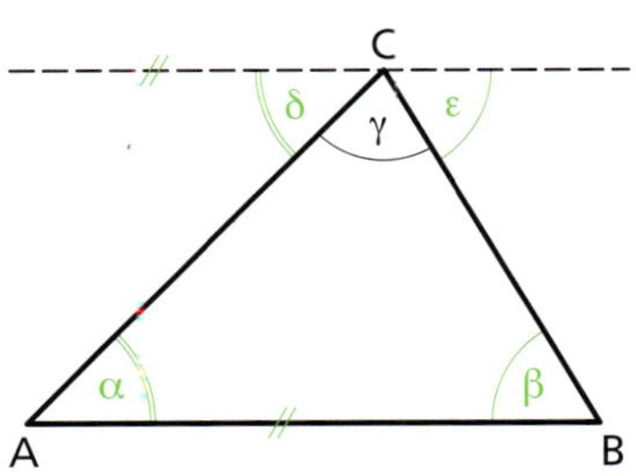

Man kann sehen, dass δ + γ + ε zusammen _____ ergeben.

Die Winkel _____ und α bzw. _____ und β sind jeweils gleich groß,

weil sie ______________________ sind. Daher muss auch

die Summe ___ + ___ + ___ immer _____ ergeben.

α   β   γ   δ   ε
Parallelwinkel   180°   180°

H 2 **10** Konstruiere das Dreieck ABC aus den gegebenen Seitenlängen und beschrifte es! Eine Seite ist schon vorgezeichnet. Miss die Winkel und gib ihre Größen an!

a) a = 5,4 cm, b = 7,3 cm, c = 6,8 cm

A c B

α ≈ , β ≈ , γ ≈

b) a = 5,8 cm, b = 5,2 cm, c = 8,7 cm

A c B

α ≈ , β ≈ , γ ≈

H 3 **11** Kennzeichne jene Dreiecke ABC, die eindeutig konstruierbar sind, mit „1“, jene, die zwar nicht eindeutig, aber konstruierbar sind, mit „2“ und jene, die überhaupt nicht konstruierbar sind, mit „X“!

a) α = 70°, β = 40°, γ = 70° 2

b) a = 7 cm, b = 4 cm, c = 7 cm

c) a = 7 cm, b = 4 cm, c = 12 cm

d) α = 60°, β = 50°, γ = 40°

e) a = 7 cm, b = 14 cm, c = 6 cm

f) a = 14 cm, b = 7 cm, c = 14 cm

H 2 **12** Konstruiere das Dreieck ABC, von dem eine Seite und zwei Winkel gegeben sind, und beschrifte es! Überlege zuerst anhand einer Skizze, wie du bei der Konstruktion vorgehen kannst! Eine Seite ist schon vorgezeichnet. Miss die restlichen Seitenlängen und Winkel!

a) a = 7,8 cm, β = 34°, γ = 108°

B a C

b ≈ , c ≈ , α ≈

b) c = 6,8 cm, α = 67°, β = 54°

A c B

a ≈ , b ≈ , γ ≈

H 1 **13** Um die Entfernung zu einem Punkt P am anderen Ufer eines Flusses zu ermitteln, wurde im horizontalen Gelände eine Standlinie s mit s = $\overline{AB}$ = 130 m angelegt (➔ Figur rechts).
Von den Endpunkten der Standlinie wurden die Winkel ∢PAB = 76° und ∢PBA = 52° zwischen den Sehstrahlen zum Punkt P und der Standlinie s gemessen.
Die Standlinie s ist bereits im Maßstab 1 : 2000 vorgezeichnet.

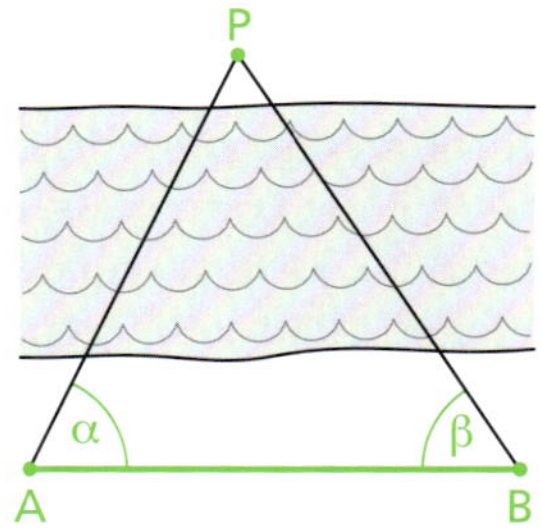

Rechne nach: 130 m = ____________ mm

____________ mm : 2000 = ____ mm

Vervollständige die Zeichnung und berechne dann die Längen der Strecken AP und BP sowie den Normalabstand des Punktes P von der Standlinie s in der Wirklichkeit!

Zeichnung	➔	Wirklichkeit
$\overline{AP}$ ≈ ________ mm	➔	$\overline{AP}$ ≈ ________ m
$\overline{BP}$ ≈ ________ mm	➔	$\overline{BP}$ ≈ ________ m
$\overline{Ps}$ ≈ ________ mm	➔	$\overline{Ps}$ ≈ ________ m

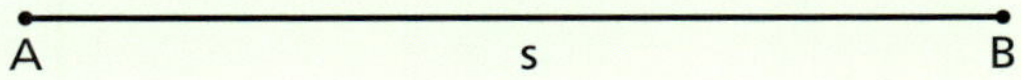

H 2 **14** Konstruiere das Dreieck ABC, von dem zwei Seiten und der eingeschlossene Winkel gegeben sind, und beschrifte es! Überlege zuerst anhand einer Skizze, wie du bei der Konstruktion vorgehen kannst! Eine Seite ist schon vorgezeichnet. Miss die restlichen Seitenlängen und Winkel!

a) a = 7,8 cm, b = 6,0 cm, γ = 97°

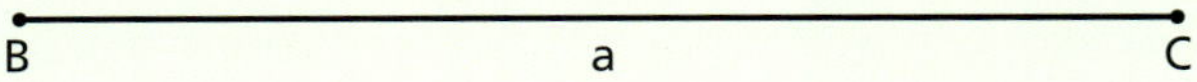

c ≈ ____, α ≈ ____, β ≈ ____

b) a = 7,3 cm, c = 6,8 cm, β = 68°

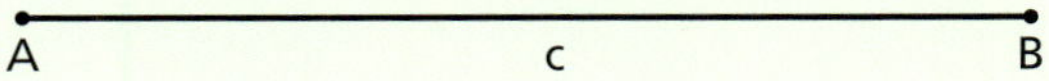

b ≈ ____, α ≈ ____, γ ≈ ____

H 2 **15** Um die Entfernung zweier Punkte P und Q zu ermitteln, wurden von einem dritten Punkt R die Längen $\overline{RP}$ = 42 m und $\overline{RQ}$ = 31 m sowie der Winkel ∢PRQ = 82° gemessen. Die Strecke RP ist bereits im Maßstab 1 : 500 vorgezeichnet. Rechne nach:

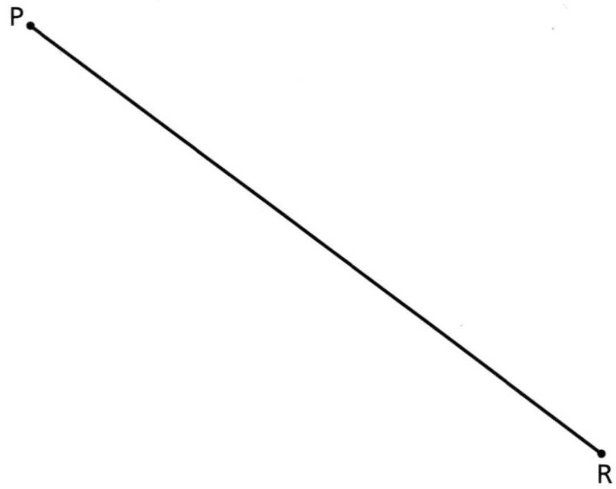

42 m = ________________ mm

_______ mm : 500 = ______ mm

Vervollständige die Zeichnung und berechne dann die Länge der Strecke PQ in der Wirklichkeit!

Zeichnung ➔ Wirklichkeit

$\overline{PQ}$ ≈ ____ mm ➔ $\overline{PQ}$ ≈ ____ m

H 2 **16** Konstruiere das Dreieck ABC, von dem zwei Seiten und jener Winkel gegeben sind, der der längeren Seite gegenüberliegt! Überlege zuerst anhand einer Skizze, wie du bei der Konstruktion vorgehen kannst! Eine Seite ist schon vorgezeichnet. Miss die restlichen Seitenlängen und Winkel!

a) a = 7,5 cm, c = 6,2 cm, α = 69°

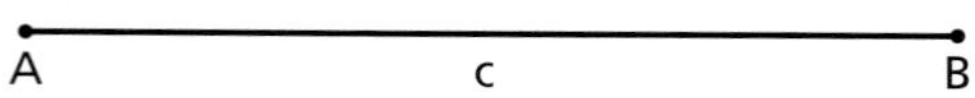

b ≈ , β ≈ , γ ≈

b) b = 6,8 cm, c = 9,1 cm, γ = 102°

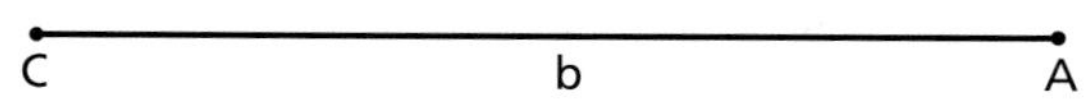

a ≈ , α ≈ , β ≈

H 2 **17** Konstruiere beide Lösungen des Dreiecks ABC, von dem a = 7,2 cm, b = 5,6 cm und β = 47° gegeben sind! Überlege zuerst anhand einer Skizze, wie du bei der Konstruktion vorgehen kannst! Eine Seite ist schon vorgezeichnet. Miss für beide Lösungen die Länge der Seite b und die Größen der Winkel α und γ!

1. Lösung: c ≈ , α ≈ , γ ≈

2. Lösung: c ≈ , α ≈ , γ ≈

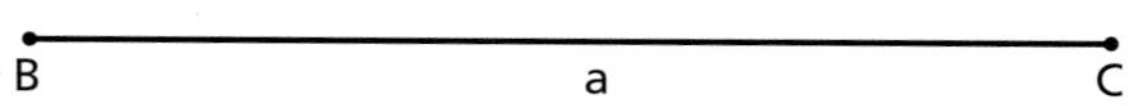

H 2 **18** Zeichne das Dreieck ABC
A(1|4), B(9|2), C(4|9)!

a) Konstruiere den Umkreismittelpunkt U und gib seine Koordinaten an!

U(|)

b) Zeichne den Umkreis und gib seinen Radius an!

r ≈ ______ cm

c) Konstruiere den Schwerpunkt S des Dreiecks und gib seine Koordinaten an!

S(|)

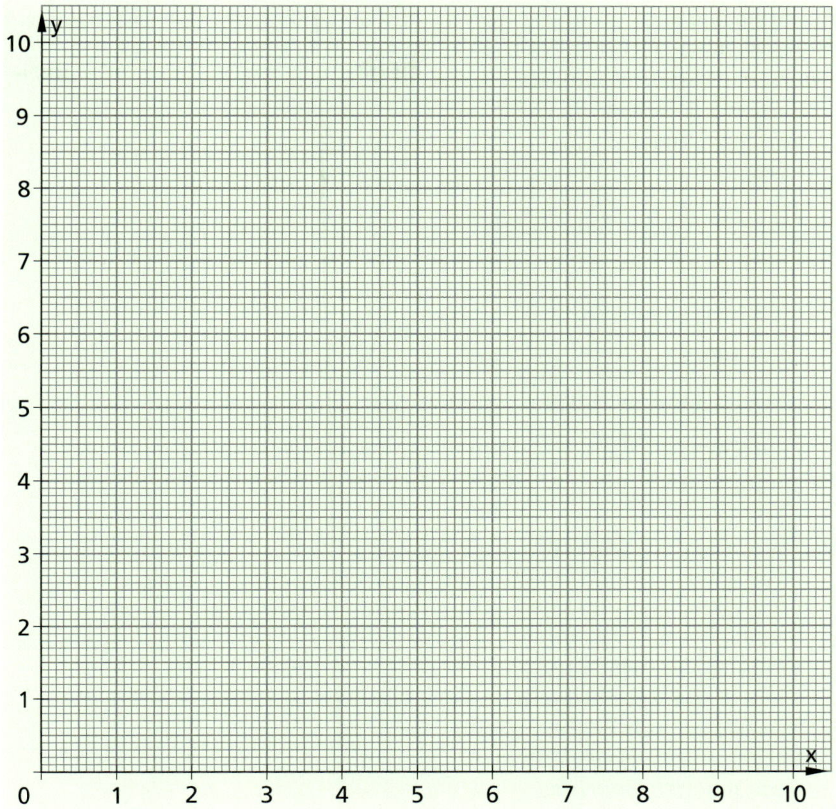

H 2 **19** Zeichne das Dreieck ABC
A(1|2), B(9|1), C(3|9)!

a) Konstruiere den Inkreismittelpunkt I und gib seine Koordinaten an!

I(|)

b) Zeichne den Inkreis und gib seinen Radius an!

ρ ≈ ______ cm

c) Konstruiere den Höhenschnittpunkt des Dreiecks und gib seine Koordinaten an!

H (|)

d) Miss die Längen der Höhen!

h_a ≈ ______ cm

h_b ≈ ______ cm

h_c ≈ ______ cm

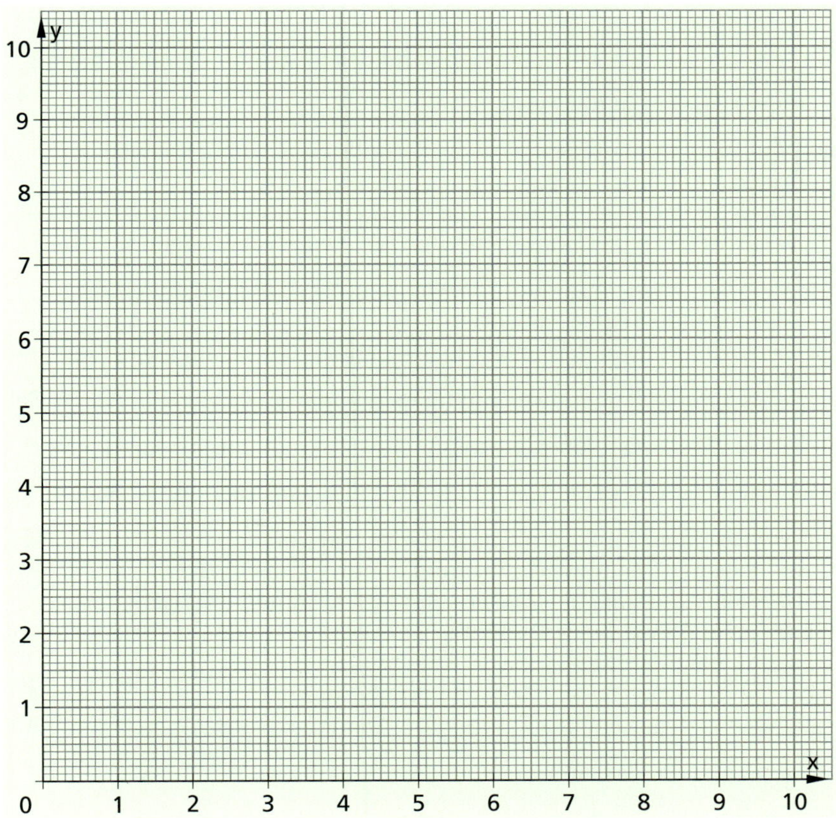

H 1 **20** Ein dreieckiges Grundstück PQR hat die Seitenlängen $\overline{PQ}$ = 450 m, $\overline{QR}$ = 480 m und $\overline{RP}$ = 535 m.

a) Zeichne das Grundstück im Maßstab 1 : 5000! Die Seite PQ ist schon vorgezeichnet.
Rechne nach:

$\overline{PQ}$ = 450 m = ______ mm;

______ mm : 5000 = ___ mm

Rechne ebenso um:

$\overline{QR}$ = 480 m = ______ mm;

______ mm : 5000 = ___ mm

$\overline{RP}$ = 535 m = ______ mm;

______ mm : 5000 = ___ mm

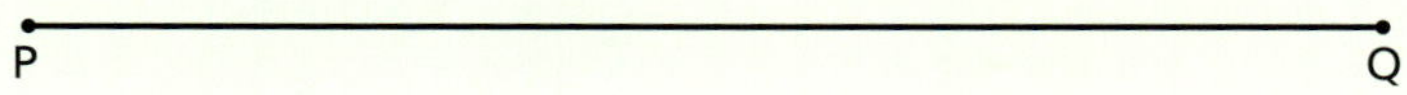

b) Wo liegt jener Punkt des Grundstücks, der von den drei Eckpunkten P, Q und R gleich weit entfernt ist? Wie groß ist diese Entfernung in der Wirklichkeit?
Überlege und fülle die Lücken mit zwei der unten angegebenen Begriffe:
Um jenen Punkt eines Dreiecks zu erhalten, der von den drei Eckpunkten gleich weit entfernt ist, muss man den ______________________ konstruieren. Diesen erhält man mit Hilfe der ______________. Der Abstand des gesuchten Punktes beträgt in der Zeichnung ca. ___ mm, das entspricht in der Wirklichkeit ______ m.

c) Wie weit sind die Eckpunkte des Grundstücks von den jeweils gegenüberliegenden Grundstücksgrenzen entfernt?
Überlege und fülle die Lücken mit zwei der unten angegebenen Begriffe:
Der Abstand eines Eckpunktes von der gegenüberliegenden Seite entspricht der ________ des Dreiecks. Diese erhält man, indem man durch den Eckpunkt die __________ auf die gegenüberliegende Seite einzeichnet.
Die Abstände von den gegenüberliegenden Grundstücksgrenzen betragen

für den Punkt P in der Zeichnung ca. ___ mm, das sind in der Wirklichkeit ______ m,

für den Punkt Q in der Zeichnung ca. ___ mm, das sind in der Wirklichkeit ______ m,

für den Punkt R in der Zeichnung ca. ___ mm, das sind in der Wirklichkeit ______ m.

d) Wo liegt jener Punkt des Grundstücks, der von den drei Grundstücksgrenzen gleich weit entfernt ist? Wie groß ist diese Entfernung in der Wirklichkeit?
Überlege und fülle die Lücken mit zwei der unten angegebenen Begriffe:
Um jenen Punkt eines Dreiecks zu erhalten, der von den drei Seiten gleich weit entfernt ist, muss man den ______________________ konstruieren. Diesen erhält man mit Hilfe der ______________________. Der Abstand des gesuchten Punktes beträgt in der Zeichnung ca. ___ mm, das entspricht in der Wirklichkeit ______ m.

Höhe K | Normale A | Winkelsymmetralen U | Seitensymmetralen A | Umkreismittelpunkt K | Inkreismittelpunkt D

Lösungswort: _ _ _ _ _ _

H 2 **21** Konstruiere das gleichschenklige Dreieck ABC mit a = b! Eine Seite ist schon vorgezeichnet. Miss die restlichen Seiten und Winkel und ermittle auch den angegebenen merkwürdigen Punkt!

a) c = 71 mm, α = 57° (Höhenschnittpunkt) **b)** b = 67 mm, γ = 106° (Schwerpunkt)

a = b ≈ ____, β ≈ ____, γ ≈ ____ a ≈ ____, c ≈ ____, $\alpha = \beta$ ≈ ____

H 2 **22** Berechne die fehlenden Winkel des gleichschenkligen Dreiecks mit a = b!

a) α = 57°, β = ____, γ = ____ **b)** α = ____, β = ____, γ = 112° **c)** α = ____, $\beta = 39\frac{3}{4}°$, γ = ____

H 2 **23** Vervollständige die gleichseitigen Dreiecke ABC!

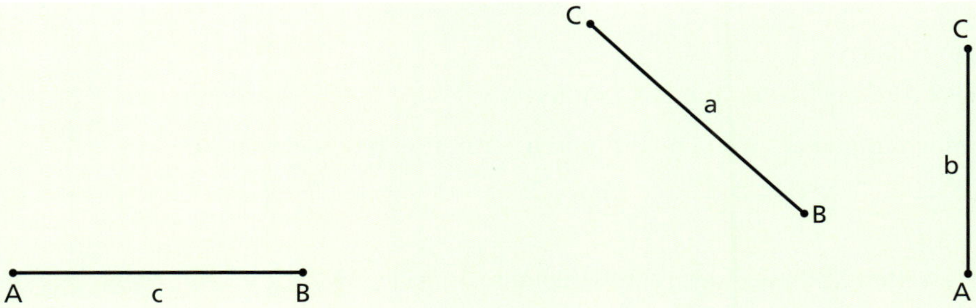

H 2 **24** Von einem gleichseitigen Dreieck sind die Koordinaten der Eckpunkte B(6|2) und C(2|6) gegeben.

a) Zeichne das Dreieck und gib die Koordinaten des Eckpunktes A und des Schwerpunktes S an!

A (____ | ____), S(____ | ____)

b) Gib die Höhe h, den Umkreisradius r und den Inkreisradius ρ des gleichseitigen Dreiecks an!

h ≈ ____ cm, r ≈ ____ cm, ρ ≈ ____ cm

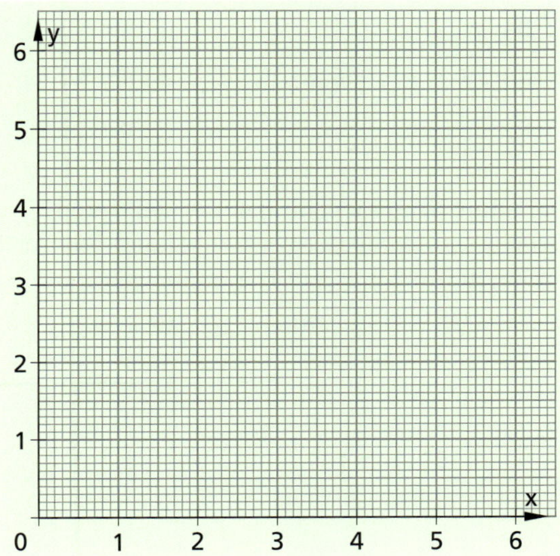

H 3 **25** Welche Seiten sind die Katheten, welche Seite ist die Hypotenuse?

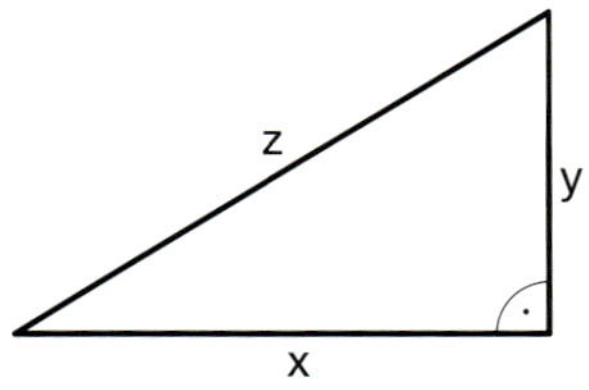

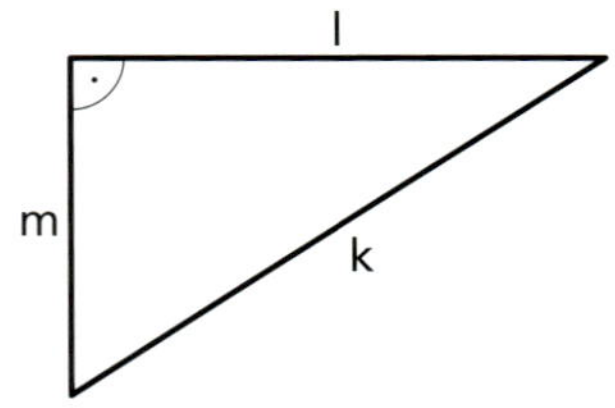

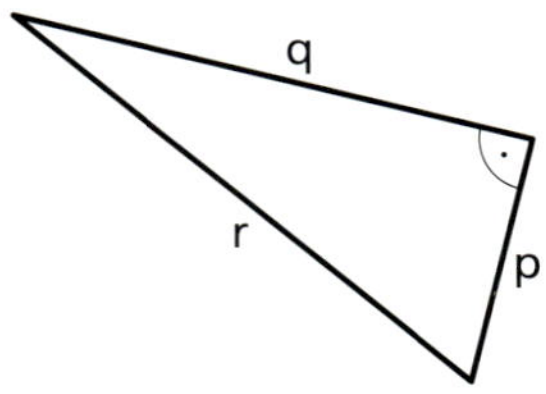

Katheten: ____, ____ Katheten: ____, ____ Katheten: ____, ____

Hypotenuse: ____ Hypotenuse: ____ Hypotenuse: ____

H 2 **26** Konstruiere das rechtwinklige Dreieck ABC ($\gamma = 90°$) mit Hilfe des Satzes von Thales!
Miss die restlichen Seiten und Winkel und berechne auch den Flächeninhalt des Dreiecks!

a) $b = 5{,}8$ cm, $c = 7{,}4$ cm **b)** $c = 6{,}9$ cm, $\beta = 62°$

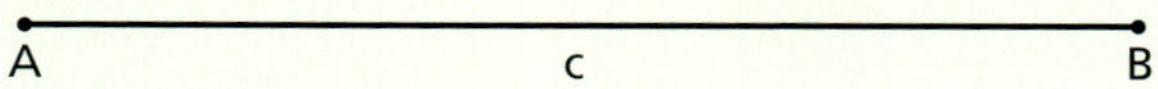

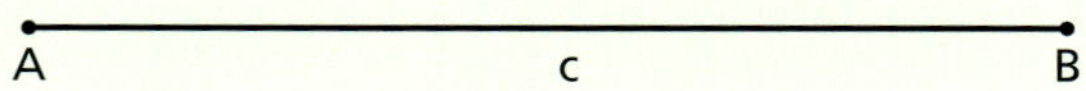

a) $a \approx$ ____, $\alpha \approx$ ____, $\beta \approx$ ____,
$A \approx$ ____

b) $a \approx$ ____, $b \approx$ ____, $\alpha \approx$ ____,
$A \approx$ ____

H 3 **27** Im rechtwinkligen Dreieck ABC mit $\gamma = 90°$ gilt bekanntlich $A = \frac{a \cdot b}{2}$.

Kreuze die richtigen Umformungen an, wenn man A und a kennt und b berechnen soll!

☐ $b = \frac{A \cdot a}{2}$ ☐ $b = \frac{A \cdot 2}{a}$ ☐ $b = \frac{a \cdot 2}{A}$ ☐ $b = \frac{A}{a} \cdot 2$ ☐ $b = \frac{A}{2} \cdot a$

H 2 **28** Berechne die Länge der zweiten Kathete eines rechtwinkligen Dreiecks ABC mit $\gamma = 90°$, wenn man den Flächeninhalt A und die Länge einer Kathete kennt!

a) $a = 18$ cm, $A = 360$ cm² **c)** $b = 27$ m, $A = 472{,}5$ m²

b = ____ a = ____

b) $a = 29$ m, $A = 116$ m² **d)** $a = 5{,}7$ cm, $A = 17{,}67$ cm²

b = ____ b = ____

H 2 **29** Berechne den Flächeninhalt des gefärbten Dreiecks mit Hilfe der rechtwinkligen Teildreiecke! (Maße in Meter)

$A = A_1 + A_2 =$ ______ m² + ______ m² = ______ m²

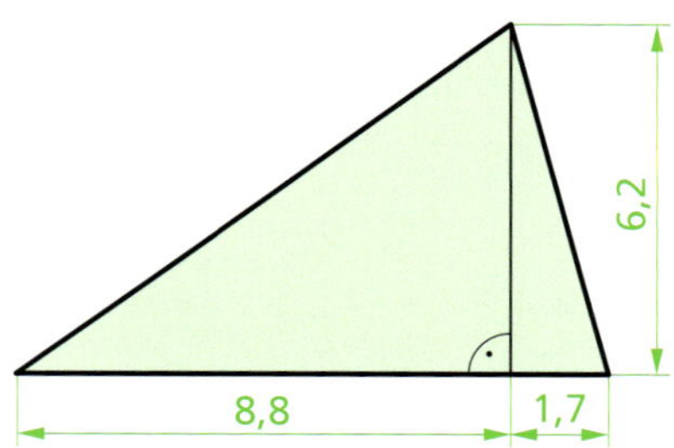

Wähle zum Füllen der Lücken aus den rechts stehenden Möglichkeiten die passenden aus! Trage die Buchstaben bzw. Wortteile in der Reihenfolge der Lücken in den Lösungstext ein!

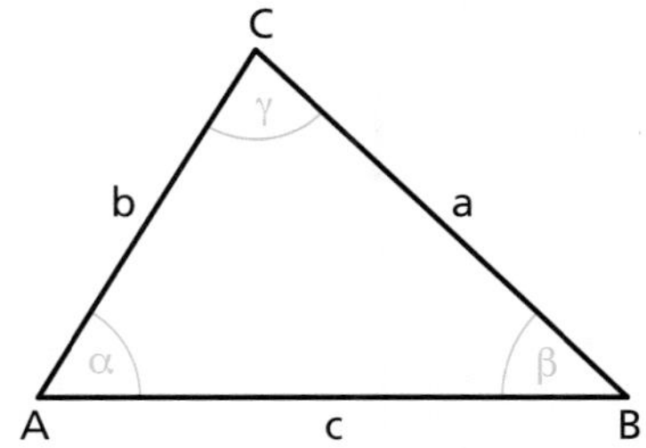

■ Die Bezeichnung der Eckpunkte A, B, C eines Dreiecks erfolgt im ______________________. Die Seite a liegt dabei dem Eckpunkt ____ gegenüber usw.

■ Teilt man Dreiecke nach ihren Seitenlängen ein, dann unterscheidet man allgemeine Dreiecke, ____________________ Dreiecke und ______________ Dreiecke. Teilt man Dreiecke nach ihren Winkeln ein, dann unterscheidet man spitzwinklige Dreiecke, _________________ Dreiecke und ____________________ Dreiecke.

■ In jedem Dreieck ist die Summe der drei Innenwinkel ________. Jeder Außenwinkel ist genau so groß wie die Summe der beiden ______________________ Innenwinkel.

Die Summe der drei Außenwinkel beträgt immer __________.

■ Ein Dreieck ist eindeutig konstruierbar, wenn nachfolgende Bestimmungsstücke gegeben sind. Wenn zwei Dreiecke in diesen Bestimmungsstücken übereinstimmen, dann sind sie kongruent (______________________):

1. die drei ____________________ (SSS-Satz)
2. die Länge _______ Seite und die Größen _________________ (______-Satz)
3. die Längen ______________ und die Größe jenes __________, der von ihnen ________________ wird (______-Satz)
4. die Längen zweier _______ und die Größe jenes Winkels, der der __________ Seite ____________________ (______-Satz)

■ In jedem Dreieck schneiden einander:

1. die drei Streckensymmetralen im ______________________ U
2. die drei ______________________ im ______________________ I
3. die drei ______________________ im _________________ S
4. die drei __________ (bzw. ihre Verlängerungen) im _________________ H

■ Im rechtwinkligen Dreieck heißen die beiden Seiten, die den rechten Winkel einschließen ______________, die ihm gegenüberliegende Seite heißt ______________. Die beiden ihr _________________ Winkel ergänzen einander auf _______, sie sind _______________________.

■ Satz von Thales: Alle einem Kreis eingeschriebenen Dreiecke, bei denen eine Seite mit dem _________________ übereinstimmt, sind _______________.

Lösungstext: __,
__ __ __ __ __ __ __ __ __ __ __ __ __? __ __ __ __ __ __ __.

- A | as
- a | i
- anliegenden | s
- B | Ei
- deckungsgleich | da
- Dreieck | re
- Durchmesser | h
- einer | F
- eingeschlossen | o
- gegenüberliegt | s
- Gegenuhrzeigersinn | W
- gleichschenklige | f
- gleichseitige | ä
- Höhen | ch
- Höhenschnittpunkt | en
- Hypotenuse | a
- Inkreismittelpunkt | r
- Katheten | D
- Komplementärwinkel | c
- längeren | e
- Mittelpunkt | R
- nicht anliegenden | rc
- rechtwinklig | t
- rechtwinklige | ll
- Schwerlinien | b
- Schwerpunkt | re
- Seiten | ne
- Seitenlängen | s
- spitzwinklige | je
- SsW | z
- stumpfwinklige | t
- SWS | h
- Umkreismittelpunkt | u
- Winkel | k
- Winkels | er
- Winkelsymmetralen | ze
- WSW | ns
- zweier Seiten | t
- zweier Winkel | e
- 90° | Li
- 180° | du
- 360° | h

H 2 **1** Konstruiere das Parallelogramm ABCD! Überlege zuerst anhand der Skizze, mit welchem Bestimmungsstück du die begonnene Konstruktion fortsetzen solltest! Miss die gesuchten Längen!

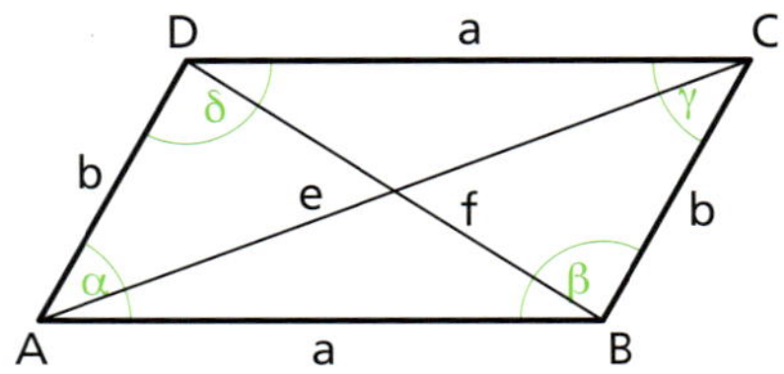

a) $a = 4{,}3$ cm, $f = 5{,}6$ cm, $\alpha = 54°$

A a B

$b \approx$ ___ cm, $e = \overline{AC} \approx$ ___ cm

b) $a = 76$ mm, $b = 35$ mm, $\beta = 107°$

A a B

$e = \overline{AC} \approx$ ___ mm, $f = \overline{BD} \approx$ ___ mm

H 3 **2**

a) Gib die Koordinaten der Eckpunkte des Parallelogramms an!

A(|), B(|),

C(|), D(|)

b) Berechne den Flächeninhalt des Parallelogramms, indem du es wie in der Figur unterteilst!

$A = A_I + A_{II} + A_{III}$

____ cm² + ____ cm² + ____ cm²

A = ______ cm²

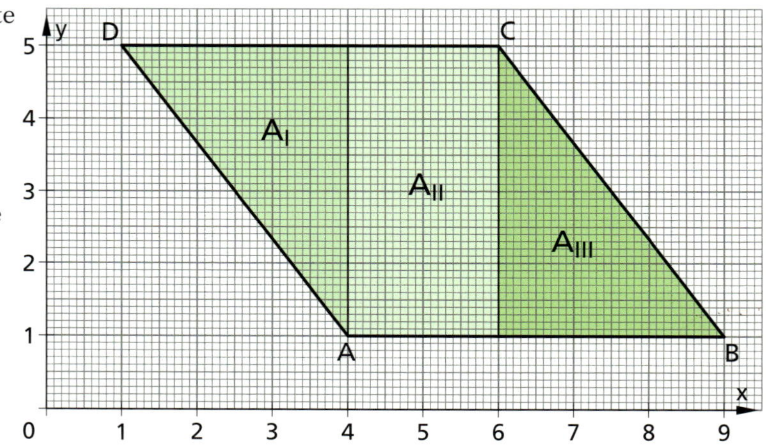

H 2 **3** Konstruiere den Rhombus ABCD mit $a = 5{,}3$ cm, $e = 6{,}2$ cm und seinen Inkreis!
Miss die Länge der Diagonale f und den Inkreisradius ρ!

$f \approx$ ___ cm, $\rho \approx$ ___ cm

A a B

H 3 **4** Kreuze die richtigen Aussagen an!
Die Diagonalen des Rhombus

- ☐ halbieren einander.
- ☐ stehen aufeinander normal.
- ☐ sind immer gleich lang.
- ☐ sind beide auch Winkelsymmetralen.

H 2 **5** Konstruiere das Trapez ABCD! Überlege zuerst anhand der Skizze, mit welchem Bestimmungsstück du die begonnene Konstruktion fortsetzen solltest! Miss die gesuchten Längen!

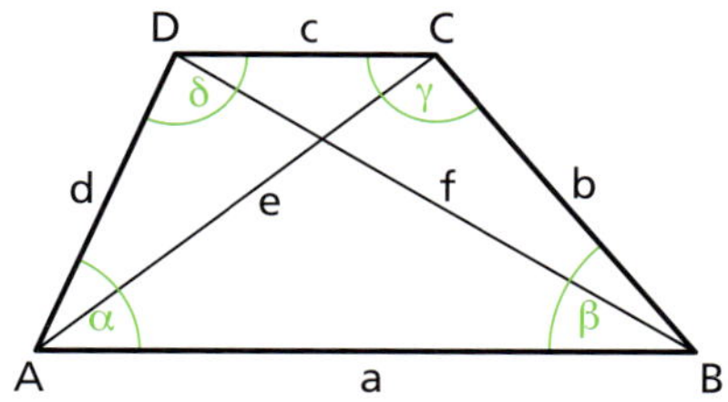

a) a = 76 mm, b = 35 mm, c = 48 mm, β = 57°

A a B

d ≈ ___ mm, e ≈ ___ mm, f ≈ ___ mm

b) a = 4,3 cm, f = 6,5 cm, α = 104°, β = 125°

A a B

b ≈ ___ cm, c ≈ ___ cm, d ≈ ___ cm, e ≈ ___ cm

H 2 **6** Zeichne das durch seine Koordinaten gegebene Trapez ABCD [A(1|1), B(7|1), C(6|5), D(3|5)] und berechne seinen Flächeninhalt, indem du es in zwei Teildreiecke und in ein Rechteck unterteilst!

$A = A_I + A_{II} + A_{III}$

____ cm² + ____ cm² + ____ cm²

A = ______ cm²

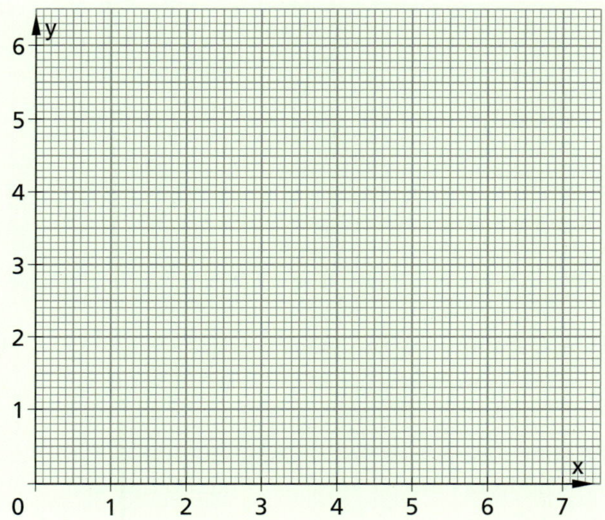

H 2 **7** Konstruiere das gleichschenklige Trapez ABCD mit a = 68 mm, b = d = 45 mm, α = β = 64° und seinen Umkreis!
Miss die gesuchten Seiten- und Diagonalenlängen und den Umkreisradius r!

c ≈ ___ cm, e = f ≈ ___ cm, r ≈ ___ cm

A a B

H 3 **8** Kreuze die richtigen Aussagen an!
Die Diagonalen des gleichschenkligen Trapezes

- ☐ halbieren einander.
- ☐ stehen aufeinander normal.
- ☐ sind gleich lang.
- ☐ sind beide auch Winkelsymmetralen.

H 2 **9** Konstruiere das Deltoid ABCD! Überlege zuerst anhand der Skizze, mit welchem Bestimmungsstück du die begonnene Konstruktion fortsetzen solltest! Konstruiere auch den Inkreis und miss dann die gesuchten Größen!

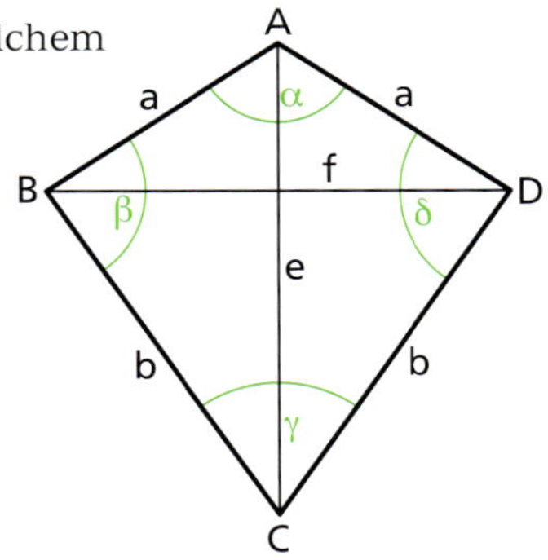

a) a = 37 mm, b = 75 mm, e = 82 mm

f ≈ ____ mm, α ≈ ____, β = δ ≈ ____,

γ ≈ ____, ρ ≈ ____ mm

b) a = 5,4 cm, f = 6,5 cm, β = δ = 94°

b ≈ ____ cm, e ≈ ____ cm, α ≈ ____,

γ ≈ ____, ρ ≈ ____ cm

H 2 **10** Zeichne das Deltoid ABCD [A(3|7), B(0|5), C(3|1),D]! Welche Koordinaten muss der Punkt D haben?

D(____ | ____)

Zeichne die beiden Diagonalen e und f ein! Sie teilen das Deltoid in vier rechtwinklige Dreiecke. Berechne mit deren Hilfe den Flächeninhalt des Deltoids!

$A = A_I + A_{II} + A_{III} + A_{IV}$

______ cm² + ______ cm² + ______ cm² + ______ cm²

A = ________ cm²

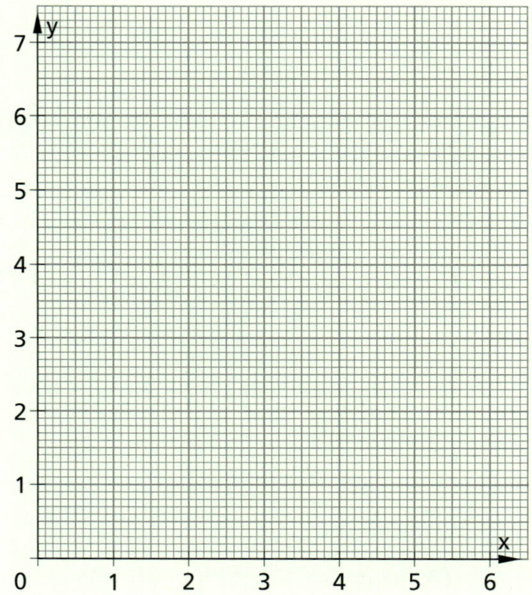

H 3 **11** Kreuze die richtigen Aussagen an!
Die Diagonalen des Deltoids

- ☐ halbieren einander immer.
- ☐ stehen aufeinander normal.
- ☐ sind immer gleich lang.
- ☐ sind beide immer auch Winkelsymmetralen.

H 2 **12** Konstruiere das konvexe Viereck ABCD mit a = 69 mm, b = 71 mm, f = 104 mm, α = 110°, β = 95°!
Überlege anhand der Skizze, wie du die Konstruktion fortsetzen kannst! Miss dann die gesuchten Größen!

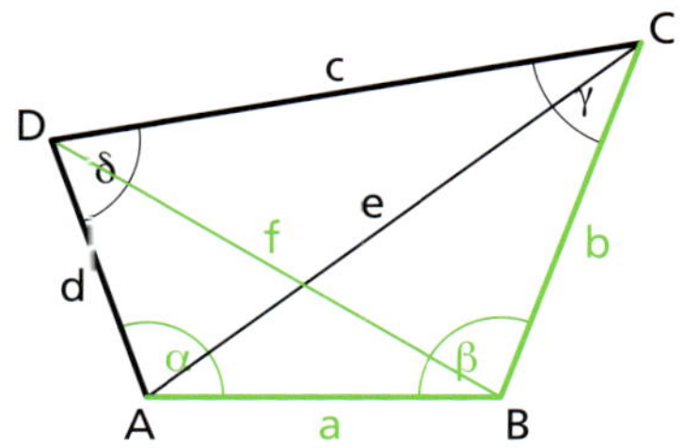

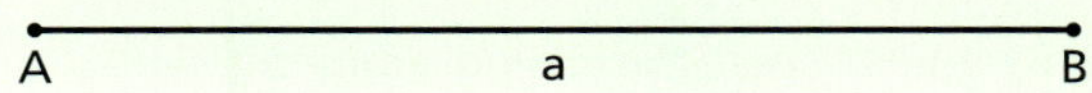

c ≈ ____ mm

d ≈ ____ mm

e ≈ ____ mm

H 2 **13** **a)** Zeichne das Fünfeck ABCDE mit den angegebenen Größen!

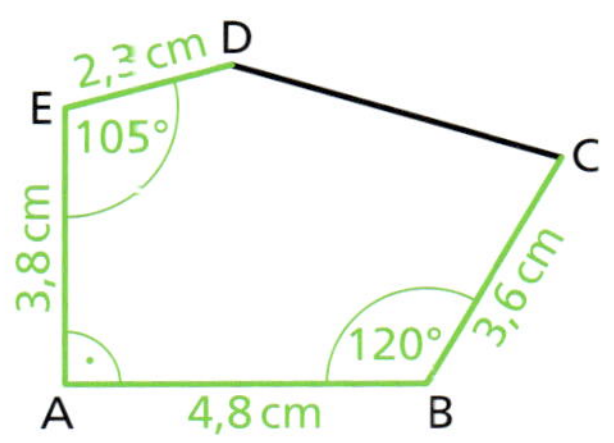

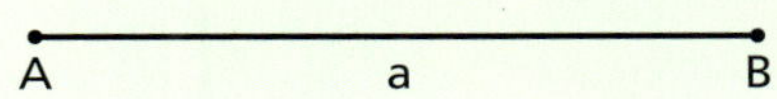

b) Miss in deiner Zeichnung!

∢BCD ≈ ____ ∢CDE ≈ ____

Berechne daraus die Winkelsumme des Fünfecks:
90° + 120° + 105° + ____° + ____° = ______°

c) Zeichne jene Diagonalen, die vom Eckpunkt A ausgehen!

Das Fünfeck wird dadurch in ______ Teildreiecke geteilt.
Für die Winkelsumme im Fünfeck muss daher gelten: 180° · __ = ____°

H 3 **14** **a)** Konstruiere ein regelmäßiges Sechseck ABCDEF, das einem Kreis vom Radius r = 3,2 cm eingeschrieben ist!
Der Kreis und eine Diagonale des Sechsecks sind schon vorgezeichnet. Beschrifte die Eckpunkte richtig!

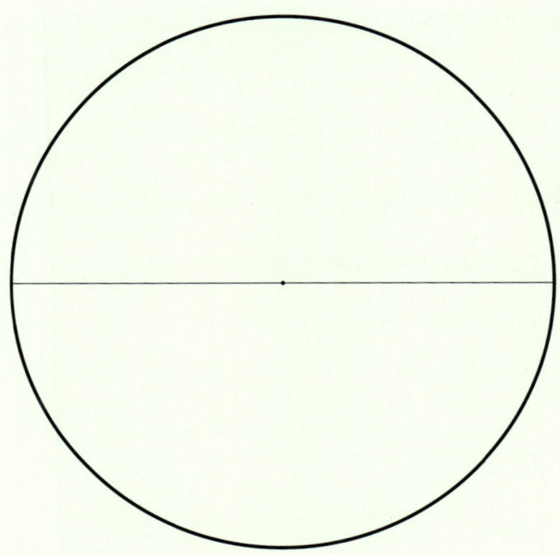

b) Zeichne alle Diagonalen ein! Wie viele sind es?

Das regelmäßige Sechseck hat ____ Diagonalen.

c) Welche besonderen Drei- und Vierecke kannst du nach dem Einzeichnen der Diagonalen im regelmäßigen Sechseck erkennen?

____

____

Wähle zum Füllen der Lücken aus den rechtsstehenden Möglichkeiten die passenden aus!
Verbinde die Zahlen im Lösungsbild in der Reihenfolge der Lücken!

- Im Parallelogramm sind ___ gegenüberliegende Seiten ___ und ___ lang.
Die Diagonalen ___ einander.
Gegenüberliegende Winkel sind ___.
Zwei Winkel, die einer Seite anliegen, ___ einander ___.

- Der Rhombus (die ___) ist ein Parallelogramm mit ___ gleich langen ___.
Die Diagonalen des Rhombus stehen ___,
sie sind ___ des Rhombus und halbieren seine ___.
Ihr Schnittpunkt ist Mittelpunkt des ___.

- Das Rechteck ist ein Parallelogramm mit vier ___ Winkeln.
Es besitzt einen ___.
Das Quadrat ist ein Rechteck mit vier gleich ___ Seiten.
Es besitzt einen ___ und ___.

- Das Trapez ist ein Viereck mit mindestens ___ paralleler Gegenseiten. Die beiden Winkel, die einem ___ anliegen, ergänzen einander auf ___.

- Das gleichschenklige Trapez besitzt eine ___.
Die Winkel an den Parallelseiten sind jeweils gleich ___,
die beiden Diagonalen sind ___.
Das ___ Trapez besitzt einen Umkreis.
Sein ___ liegt auf der Symmetrieachse.

- Das Deltoid hat zwei Paar ___ Seiten, die einander jeweils schneiden.
Die Verbindungsgerade ihrer Schnittpunkte ist ___ des Deltoids.
Auf ihr liegt der Mittelpunkt ___ des Deltoids.

- Die Winkelsumme beträgt in jedem Viereck ___.

- Das regelmäßige Sechseck hat ___ Symmetrieachsen.
Das regelmäßige Achteck hat ___ Symmetrieachsen.
Beide besitzen ___ einen Umkreis ___ einen Inkreis.

90° 32 | 180° 40
360° 24 | acht 27
als auch 42 | auf 90° 13
auf 360° 21 | auf 180° 4
aufeinander normal 10
des Inkreises 36
die Symmetrieachse 12
drei 6 | einen Umkreis 26
einem Paar 23
ergänzen 11 | fünf 30
gleich groß 15 | gleich 3
gleich lang 33
gleich lange 37
gleichschenklige 28
groß 5 | halbieren 41
Inkreis 7 | Inkreises 38
je zwei 8 | langen 14
Mittelpunkt 16
noch 18 | parallel 20
Raute 2 | rechten 1
Schenkel 31 | sechs 9
Seiten 19 | sowohl 34
Symmetrieachse 29
Symmetrieachsen 17
Umkreis 22 | vier 35
weder 39 | Winkel 25

H 3 **1** Ordne den Figuren die richtigen Bezeichnungen zu!

gerades dreiseitiges Prisma	**B**
schiefes dreiseitiges Prisma	
liegendes dreiseitiges Prisma	
gerades rechteckiges Prisma	
schiefes vierseitiges Prisma	
liegendes vierseitiges Prisma	
liegendes fünfseitiges Prisma	
gerades sechsseitiges Prisma	
schiefes sechsseitiges Prisma	

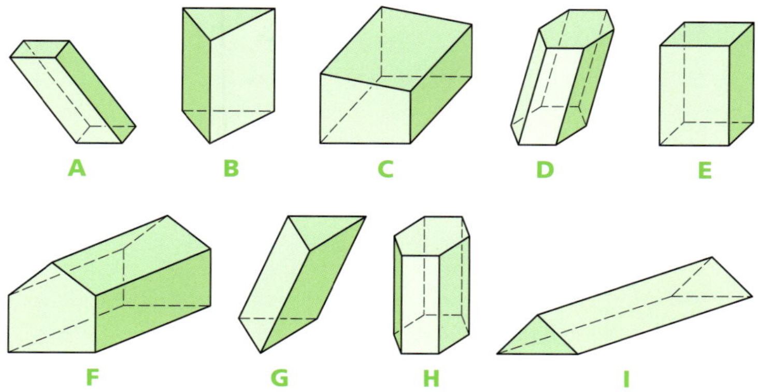

H 3 **2** Wie viele Ecken (E), Flächen (F) und Kanten (K) hat das angegebene Prisma?
Fülle die Tabelle aus und überprüfe damit den Euler´schen Polyedersatz E + F – K = 2!

Prisma	Ecken (E)	Flächen (F)	Kanten (K)	E + F – K
dreiseitig	6			
vierseitig				
fünfseitig		7		
sechsseitig			18	

H 2 **3** Die Darstellung rechts zeigt ein gerades rechteckiges Prisma (= Quader) mit eingezeichneter Schnittfläche.

a) Um welche Figur handelt es sich bei der Schnittfläche?

Die eingezeichnete Schnittfläche ist ______________________ .

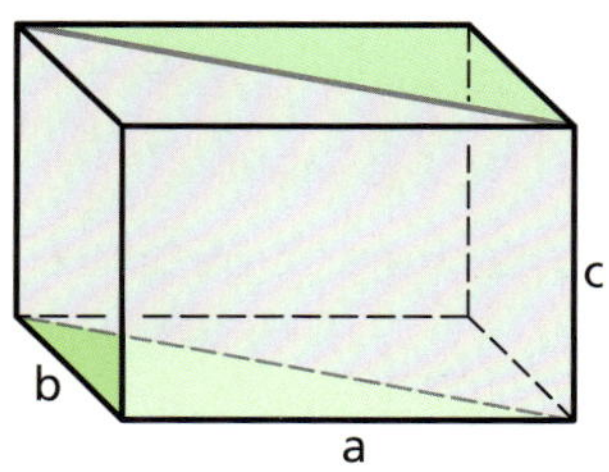

b) Zeichne die Schnittfläche in wahrer Größe, wenn die Kanten des Prismas die Längen a = 4,1 cm, b = 2,4 cm und c = 2,9 cm haben! Überlege: Eine Seite der Schnittfläche ist genau so lang wie die Kante c, die andere Seite ist genau so lang wie die Diagonale des Grundflächenrechtecks mit den Seitenlängen a und b! Zeichne daher zuerst dieses Grundflächenrechteck und entnimm daraus die Länge der Grundflächendiagonale!

Grundflächenrechteck:

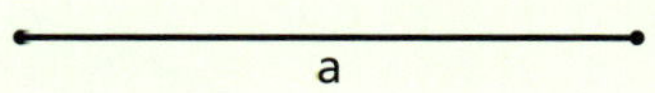

Schnittfläche:

Länge der Grundflächendiagonale ≈ ____ cm

Länge der Diagonale der Schnittfläche (= Raumdiagonale) ≈ ____ cm

H 3 **4** Welche der drei Darstellungen kann kein Netz eines geraden dreiseitigen Prismas sein? Streiche durch!

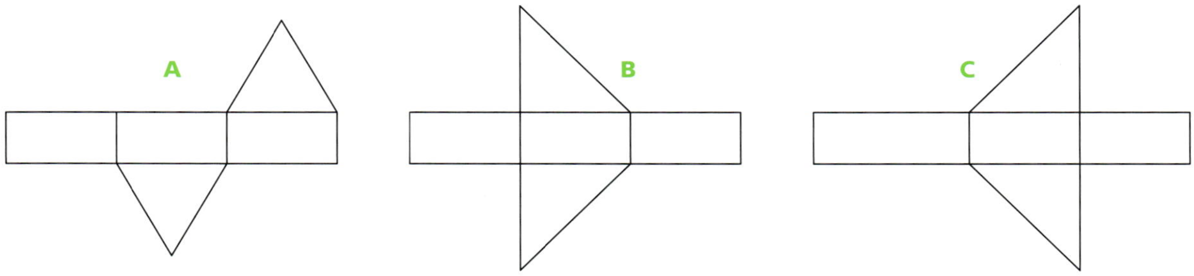

H 2 **5** Ein Quader hat die Kantenlängen a = 3,2 cm, b = 1,9 cm und c = 2,4 cm.
Zeichne das Netz, berechne die Oberfläche und das Volumen!
Die Grundfläche und eine Seitenfläche sind schon vorgezeichnet.

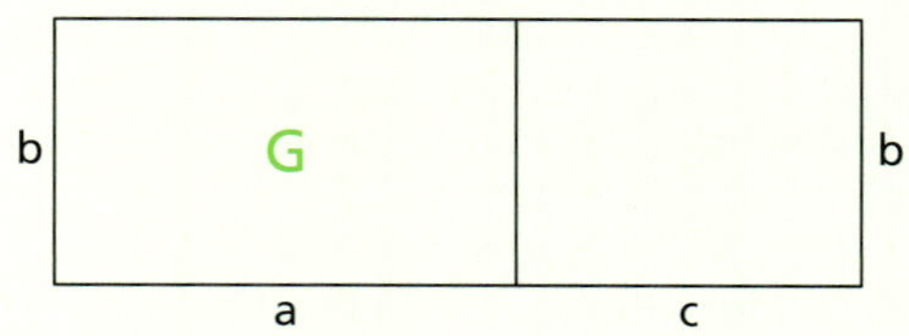

$O = (a \cdot b + a \cdot c + b \cdot c) \cdot 2 \rightarrow O =$ ______ cm² $V = a \cdot b \cdot c \rightarrow V =$ ______ cm³

H 1 **6** Ein Hausdach hat die Form eines liegenden dreiseitigen Prismas.
Die „Grundfläche" des Prismas ist ein rechtwinklig-gleichschenkliges Dreieck (➔ Figur rechts).
Wie groß ist der Rauminhalt des Daches (Maße in Meter)?

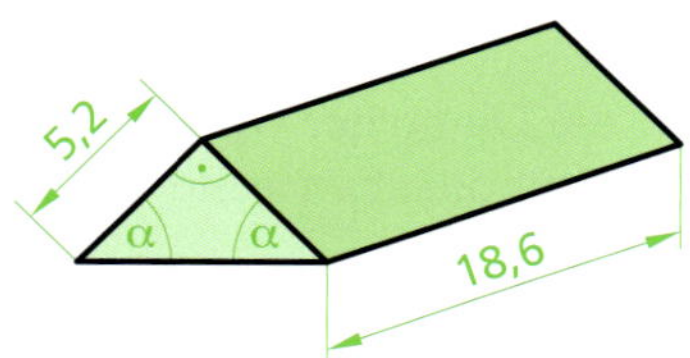

$V = G \cdot h$ $G = \frac{a \cdot a}{2} \rightarrow G =$ ______ m² $\rightarrow V =$ ______ m³

H 2 **7** Ein gerades Prisma mit quadratischer Grundfläche (a = 8 cm) hat 160 cm³ Rauminhalt.
Wie hoch ist das Prisma?

$V = G \cdot h \rightarrow h = V : G$ $G = a \cdot a \rightarrow h = V : (a \cdot a) \rightarrow h =$ ______ cm

H 1 **8** Wie groß ist der Rauminhalt des abgebildeten Lagerraumes, wenn der quaderförmige Teil 30 m breit, 85 m lang und 8 m hoch und das Giebeldreieck selbst 12 m hoch sind?

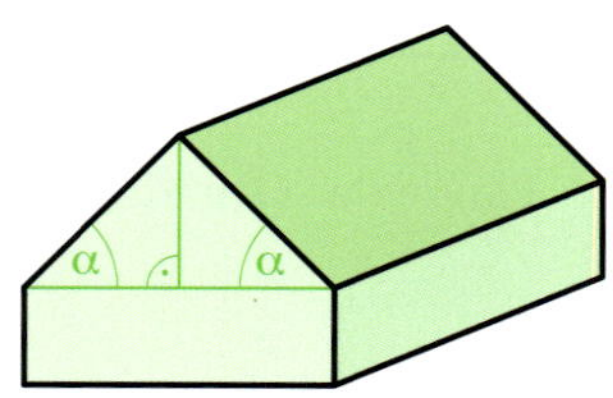

$V = V_1 + V_2$

$V_1 = V_{Quader} = a \cdot b \cdot c \rightarrow V_1 =$ ______ m³

$V_2 = V_{\text{liegendes dreiseitiges Prisma}} = G \cdot h$ mit $G = 2 \cdot A_{\text{rechtwinkliges Dreieck}}$

$\rightarrow G =$ ______ m² $\rightarrow V_2 =$ ______ m³

$V_1 + V_2 =$ ______ m³   Der Lagerraum hat einen Rauminhalt von ______ m³.

Wähle zum Füllen der Lücken aus den rechts stehenden Wörtern die passenden aus!
Trage die Buchstaben in der Reihenfolge der Lücken in das Lösungswort ein!

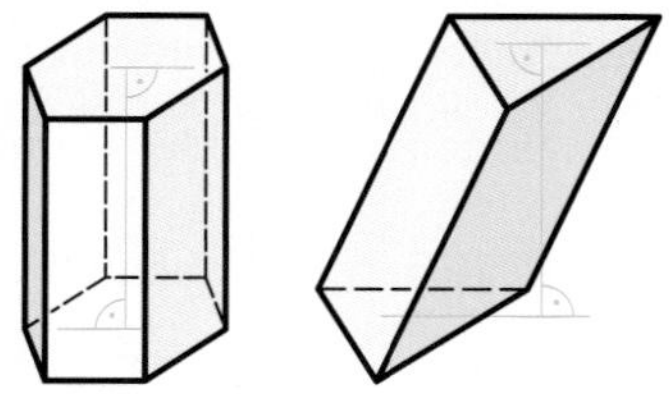

Grund- und Deckfläche eines Prismas sind zueinander ______________ und ____________________ (als Fremdwort: ______________) Vielecke.
Die Seitenflächen von geraden Prismen sind ____________.
Die Seitenflächen von schiefen Prismen sind ______________.
Die Höhe eines Prismas ist der ____________________ zwischen Grund- und Deckfläche. Alle Seitenkanten des Prismas sind zueinander __________ und ______________.

Das Netz eines geraden Prismas besteht aus der ____________________ (G), der ______________________ (D) und der ______________________ (M). Diese setzt sich aus den ________________ zusammen.

Lösungswort: _ _ _ _ _ _ _ _ _ _ _ _

- Deckfläche A
- deckungsgleiche O
- Dreiecke B
- gleich lang R
- Grundfläche S
- kongruente L
- Mantelfläche T
- Normalabstand D
- parallel E
- parallele P
- Parallelogramme E
- Rechtecke Y
- Seitenflächen Z

Die Oberfläche (eigentlich: den Oberflächeninhalt) berechnet man als Summe der Flächeninhalte aller ______________________.
Da Grundfläche (G) und Deckfläche (D) ______________ sind und die Seitenflächen zusammengenommen die ______________ (M) ergeben, kann man für den Oberflächeninhalt O schreiben:
O = ______________

Ein Quader ist ein gerades ______________ Prisma. Den Inhalt seiner Oberfläche kann man mit der Formel O = __________________ oder mit der Formel O = (______________) · 2 berechnen.

Der Würfel ist ein ganz besonderes vierseitiges Prisma, nämlich ein gerades quadratisches Prisma, dessen Höhe ________________ wie die ______________ ist. Für den Würfel gilt: O = __________

Den Rauminhalt (das Volumen) eines Prismas berechnet man als Produkt „______________ mal ____________".
Als Formel geschrieben: V = __________
Für den Quader gilt: V = ____________
Für den Würfel gilt: V = __________

Lösungswort: _ _ _ _ _ _ _ _ _ _ _ _ _ _ _

- $a \cdot a \cdot a$ T
- $a \cdot a \cdot 6$ C
- $a \cdot b + a \cdot c + b \cdot c$ A
- $a \cdot b \cdot c$ T
- $a \cdot b \cdot 2 + a \cdot c \cdot 2 + b \cdot c \cdot 2$ N
- $a \cdot 2 + b \cdot 2$ B
- Begrenzungsflächen D
- genauso lang L
- gleich groß I
- Grundfläche H
- Grundkante S
- $G \cdot h$ I
- $G \cdot 2 + M$ G
- Höhe N
- Mantelfläche A
- Rechtecke R
- rechteckiges O
- Seitenfläche E

ABSCHLUSSTEST 1

I 1 H 4 **1** Durch welche der Zahlen ist 504 teilbar? Kreuze an! ☐ 2 ☐ 3 ☐ 4 ☐ 5 ☐ 6 ☐ 7 ☐ 8 ☐ 9 ☐ 10

Begründe mit Hilfe der Primfaktorenzerlegung!

I 1 H 1 **2**

a) Gib 50 min als Bruchteil von 1 h an und kürze soweit wie möglich! ______________

b) Wie groß ist $1\frac{1}{3}$ von 15? ______________

c) Schreibe 0,12 als Bruch und kürze soweit wie möglich! ______________

d) Welche Bruchzahl ist größer? ☐ $\frac{4}{7}$ ☐ $\frac{1}{2}$ Begründung: ______________________________

e) Ordne die Bruchzahlen $\frac{1}{2}, \frac{2}{5}, \frac{3}{8}, \frac{7}{10}$ der Größe nach! Beginne mit der kleinsten!

☐ < ☐ < ☐ < ☐

I 1 H 1 **3** Der Rumpf und die Flügel des Airbusses sind aus Duraluminium hergestellt. Duraluminium ist eine Aluminium-Legierung mit besonders hoher Festigkeit. Sie besteht zu 92 % aus Aluminium, zu 5 % aus Kupfer und in geringem Maße aus Magnesium, Mangan und Silizium.

1) Wie groß ist der relative Anteil an Magnesium, Mangan und Silizium zusammen? ________

2) Wie viel Tonnen Aluminium sind im Airbus mit einer Duraluminium-Masse von 370 t verarbeitet?

____

I 1 H 1 **4** Ein Busunternehmer vermietet seinen Bus mit 60 Sitzplätzen zu einem Fixpreis. Wenn alle Plätze besetzt sind, zahlt jeder Reiseteilnehmer 35 €. Bei einem Ausflug nehmen aber nur 56 Personen teil.

Jeder Teilnehmer muss dann ________ € bezahlen.

I 1 H 1 **5** Aus 27 l Milch kann man ca. 1,5 kg Butter herstellen. Für 3,5 kg Butter braucht man ca. _____ l Milch.

I 2 H 1 **6** Die monatliche Handyrechnung setzt sich zusammen aus der Grundgebühr und dem Betrag, den man für die Telefongespräche (Preis pro Minute mal Anzahl der verbrauchten Minuten) zu zahlen hat.

1) Gib den Zusammenhang mit selbst gewählten Variablen an! ______________________________

2) Drücke jede Variable durch die drei anderen aus! ______________________________

3) Wie viel Euro macht die Handyrechnung aus, wenn die Grundgebühr 9,95 € beträgt, pro Minute 0,19 € berechnet werden und insgesamt 2 h 15 min telefoniert wurde? ______________________

I 2 H 1 **7** Stelle eine Gleichung auf und löse sie!

a) Michaela erhält doppelt so viel Taschengeld wie ihr kleiner Bruder. Sie erhalten zusammen 75 €. Wie viel Taschengeld bekommt Michaela, wie viel ihr Bruder?

Gleichung: __________________ Michaela bekommt _____, ihr Bruder _____.

b) Das Dreifache einer Zahl ist um 141 kleiner als 3000. Wie lautet die Zahl?

Gleichung: __________________ Die Zahl lautet _____.

I 2 H 2 **8** Löse die Gleichungen!

a) $3 \cdot u + 10 = 25$ u = ☐ **b)** $\frac{7}{3} \cdot b - \frac{1}{4} = \frac{1}{3}$ b = ☐ **c)** $1 + \frac{a}{2} = 2{,}5$ a = ☐

I 1 H 1 **9** Rechne in Prozentangaben bzw. in Brüche um und kürze soweit wie möglich!

$\frac{19}{10}$ = ☐ 45 % = ☐ $\frac{2}{5}$ = ☐ 60 % = ☐ $\frac{9}{50}$ = ☐ 25 % = ☐

I 1 H2 **10** Berechne im Kopf!

a) 42 g sind 6 % von ________

b) 40 € sind ______ % von 1 000 €

c) ________ sind 10 % von 3 200 dag

d) 35 s sind 7 % von ________

e) 80 kg sind ________ % von 1 t

f) ________ sind 25 % von 400 min

ABSCHLUSSTEST 1

I1 H2 **11** Eine Hose kostet ohne MWSt. 62 €. Die Hose kostet inklusive 20 % MWSt. ________ €. Beim Abverkauf wird der Preis von 62 € auf 40,30 € herabgesetzt. Der Preis wurde um ________ % ermäßigt.

I1 H1 **12** Ein Radfahrer fährt durchschnittlich mit ca. 20 km/h und erreicht sein Ziel in $4\frac{1}{2}$ Stunden. Mit welcher Geschwindigkeit müsste ein Auto fahren, um dieselbe Strecke in 50 min zurückzulegen? ____________

I4 H3 **13** **Arbeitslosenquoten** (März 2011) **in den Bundesländern:**
Unter „Arbeitslosenquote“ versteht man das Verhältnis der Zahl der Arbeitslosen zur Gesamtzahl der Erwerbstätigen und Arbeitslosen. **1)** Lies die Prozentsätze aus dem Streckendiagramm ab und trage diese in die Tabelle ein!
2) Bewerte Vor- und Nachteile von Tabelle und Diagramm!

Kärnten	Wien	Burgenland	NÖ.	Stmk.
Tirol	**Vorarlberg**	**Salzburg**	**OÖ**	**Tirol**

(Quelle: Statistik Austria 2011)

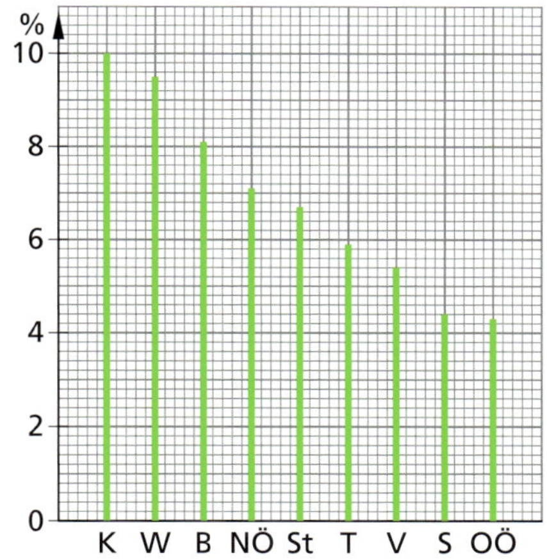

I3 H2 **14** Zeichne das Dreieck ABC [A(1|2), B(7|0), C(4|6)] in einem Koordinatensystem auf ein Blatt Papier!

a) Miss die Größe der drei Innenwinkel des Dreiecks und kontrolliere die Winkelsumme!

$\alpha \approx$ ____, $\beta \approx$ ____, $\gamma \approx$ ____; Winkelsumme = ____

b) Konstruiere die Winkelsymmetralen und gib die Koordinaten ihres Schnittpunktes S an! S(____ | ____)

c) Welche besondere Eigenschaft hat dieser Schnittpunkt? ____________________

I3 H2 **15** **a)** Konstruiere das Dreieck ABC mit b = 8,8 cm, α = 66°, γ = 42° auf einem Blatt Papier!

Zeichne die drei Höhen ein und miss sie! $h_a \approx$ ____, $h_b \approx$ ____, $h_c \approx$ ____
Kennzeichne den Höhenschnittpunkt H!

b) Wie kann ein Dreieck aussehen, dessen Höhenschnittpunkt außerhalb des Dreiecks liegt? Skizziere und beschreibe, wie man in so einem Fall vorgehen muss, um den Höhenschnittpunkt zu erhalten!

____

I3 H2 **16** Um die Entfernung zweier Punkte P und Q zu ermitteln, die auf verschiedenen Seiten eines Flusses liegen, wurde im rechten Winkel zu PQ eine 48,5 m lange Standlinie s = RP eingerichtet (➔ Figur). Im Punkt R konnte der Winkel ∢PRQ = 42° gemessen werden. Entnimm einer Zeichnung im Maßstab 1 : 500, wie lang die Strecke PQ in der Wirklichkeit ist! $\overline{PQ}$ = ____

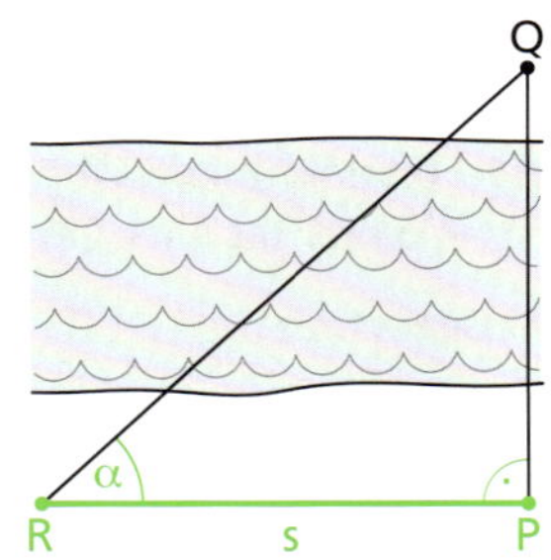

I3 H2 **17** **a)** Konstruiere einen Rhombus ABCD mit e = 7,6 cm und f = 5,8 cm auf einem Blatt Papier!
Gib die Größen der Innenwinkel an und kontrolliere die Winkelsumme!

$\alpha \approx$ ____, $\beta \approx$ ____, $\gamma \approx$ ____, $\delta \approx$ ____; Winkelsumme = ____

b) Konstruiere den Inkreis (vergiss die Berührradien nicht) und gib den Inkreisradius ρ an! $\rho \approx$ ____

c) Berechne den Flächeninhalt des Rhombus mit Hilfe der vier rechtwinkligen Teildreiecke, die von den Diagonalen e und f gebildet werden! A = ____

I3 H2 **18** Ein gerades dreiseitiges Prisma hat als Grundfläche ein rechtwinkliges Dreieck mit den Seitenlängen a = 3 cm, b = 4 cm und c = 5 cm. Die Prismenhöhe beträgt 2 cm. Zeichne das Netz des Prismas auf ein Blatt Papier! Berechne die Oberfläche und das Volumen des Prismas!

O = ____, V = ____

ABSCHLUSSTEST 2

I 1 H 2 **1** Wie lauten der größte gemeinsame Teiler und das kleinste gemeinsame Vielfache von 24 und 36?

ggT (24,36) = ______ kgV (24,36) = ______

I 1 H 4 **2**

a) Welche Bruchzahl liegt genau in der Mitte zwischen $\frac{8}{24}$ und $\frac{9}{24}$? ______

b) Gib mindestens drei Bruchzahlen an, die zwischen den beiden Bruchzahlen liegen!

$\frac{8}{24} <$ ______ $<$ ______ $<$ ______ $< \frac{9}{24}$

c) Wie viele Bruchzahlen gibt es zwischen den beiden Bruchzahlen? Begründe! ______

I 1 H 1 **3** Welche Zahlen sind gleich groß wie 0,6? Kreuze an!

☐ 0,60 ☐ 0,600 ☐ 0,06 ☐ $\frac{6}{10}$ ☐ $\frac{60}{100}$ ☐ $\frac{6}{100}$ ☐ $\frac{3}{5}$ ☐ $\frac{12}{20}$ ☐ 6 % ☐ 60 % ☐ 600 %

I 1 H 2 **4** Ordne den Aufgaben rechts die Ergebnisse zu!

$\frac{3}{5} : \frac{3}{2} - \left(0{,}7 - \frac{1}{2}\right) + \frac{9}{10} \cdot \frac{5}{3} =$	$\frac{7}{10}$
$\frac{3}{5} : \frac{3}{2} - 0{,}7 - \frac{1}{2} + \frac{9}{10} \cdot \frac{5}{3} =$	$\frac{5}{6}$
$\frac{3}{5} : \left(\frac{3}{2} - 0{,}7\right) - \frac{1}{2} + \frac{9}{10} \cdot \frac{5}{3} =$	$1\frac{7}{10}$
$\frac{3}{5} : \left(\frac{3}{2} - 0{,}7 - \frac{1}{2}\right) + \frac{9}{10} \cdot \frac{5}{3} =$	$1\frac{3}{4}$
$\frac{3}{5} : \left(\frac{3}{2} - 0{,}7 - \frac{1}{2} + \frac{9}{10}\right) \cdot \frac{5}{3} =$	$3\frac{1}{2}$

I 1 H 1 **5** Bei einer 36-Stunden-Woche verdient Fritz Flink 450 € pro Woche. Letzte Woche hat er 525 € verdient.

Er hat letzte Woche ______ Stunden gearbeitet.

I 1 H 1 **6** Aus einem Brotwecken kann man 12 Scheiben, die 2,5 cm dick sind, schneiden. Wie viele Scheiben von 1,5 cm Dicke hätte man schneiden können? ______

I 2 H 1 **7** Stelle eine Gleichung auf und löse sie!

a) Ein Rechteck mit dem Umfang 66 cm ist doppelt so lang wie breit.

Bestimme die Seitenlängen des Rechtecks! Gleichung: ______ a = ______, b = ______

b) An seinem 50. Geburtstag stellt Herr Wolf fest, dass seine drei Kinder zusammen genauso alt sind wie er selbst. Die Tochter ist um 6 Jahre jünger als der jüngere Sohn, der gerade halb so alt ist wie sein älterer Bruder. Wie alt sind die drei Kinder? Gleichung: ______

Tochter: ______, jüngerer Sohn: ______, älterer Sohn: ______

I 2 H 2 **8** Löse die Gleichungen!

a) $8 \cdot x - 6 = 46$ x = ______ **b)** $\frac{y}{3} + 4 = 12{,}3$ y = ______ **c)** $z \cdot \frac{3}{7} = \frac{9}{28}$ z = ______

I 2 H 2 **9** Die Formel für die Oberfläche des Prismas lautet: $O = G \cdot 2 + M$
Ein Prisma hat eine Oberfläche von 170 cm² und einen Mantel von 120 cm².

a) Berechne die Größe der Grundfläche! G = ______

b) Drücke jede Variable durch die beiden anderen aus! M = ______, G = ______

I 1 H 1 **10** Rechne in Prozentangaben bzw. in Brüche um und kürze so weit wie möglich!

$\frac{7}{20} =$ ______ 15 % = ______ $\frac{3}{5} =$ ______ 40 % = ______ $\frac{7}{50} =$ ______ 75 % = ______

I 1 H 2 **11** Berechne im Kopf!

a) 12 s sind 3 % von ______

b) 6 € sind ______ % von 300 €

c) 40 g sind 8 % von ______

d) 60 m sind ______ % von 1 km

I 1 H2 **12** Der Eintritt in ein Museum kostet für Erwachsene 8 €. Kinder erhalten 20 % Ermäßigung.

Ein Kind muss ______ € bezahlen.

I 1 H 2 **13** Sabine spart jeden Monat 20 €, das sind 40 % ihres monatlichen Taschengeldes von ______ €.

I 1 H 2 **14** Der Jahresbeitrag für einen Sportverein wurde von 75 € auf 90 € erhöht. Die Erhöhung betrug ______ %.

I 1 H 1 **15** Herr Maier legt mit seinem PKW 189 km auf der Autobahn in 1 h 45 min zurück.

a) Mit welcher mittleren Geschwindigkeit in km/h ist er unterwegs? ____________

b) Wie lange wird Herr Maier bei gleicher mittlerer Geschwindigkeit für 540 km brauchen? ____________

I 4 H 1 **16** Die Tabelle enthält die Gesamtzahlen der Gästenächtigungen in Österreich von 1950 bis 2010.
1) Runde die Zahlen auf Mio. Nächtigungen und zeichne ein Balkendiagramm!
2) Beschreibe Vor- und Nachteile von Diagramm und Tabelle!

Jahr	Nächtigungen	gerundet
2010	124,9 Mio.	
2000	113,7 Mio.	
1990	123,6 Mio.	
1980	118,7 Mio.	
1970	79,5 Mio.	
1960	42,0 Mio.	
1950	15,6 Mio.	

(Quelle: Statistik Austria 2011)

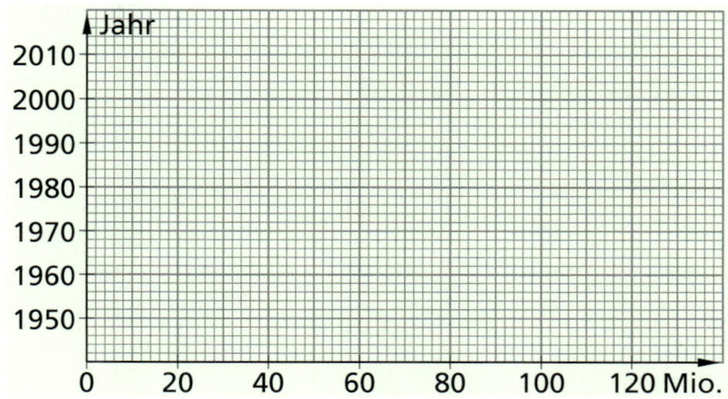

I 3 H 2 **17** Der Punkt S(8|7) ist Scheitel eines Winkels α. Der eine Schenkel von α verläuft durch den Punkt A(5|0), der andere Schenkel durch B(2|6).
Zeichne auf ein Blatt Papier und miss die Größe von α! $\alpha \approx$ ______

Konstruiere die Winkelsymmetrale w_α! Welche besondere Eigenschaft hat sie? ____________
Zeichne die Strecke XY mit X(3|2) und Y(9|6) und konstruiere ihre Streckensymmetrale s_{XY}!

Welche besondere Eigenschaft hat jede Streckensymmetrale? ____________

Welche Koordinaten hat der Schnittpunkt P von w_α mit s_{XY}? P(___ | ___)

I 3 H 2 **18** Konstruiere das Dreieck ABC mit a = 7,8 cm, c = 5,6 cm, α = 42° auf einem Blatt Papier! Miss die Winkel β und γ und überprüfe die Winkelsumme im Dreieck! Zeichne die drei Schwerlinien ein und kennzeichne den Schwerpunkt S! $\beta \approx$ ___, $\gamma \approx$ ___; Winkelsumme = ___

I 3 H 4 **19** **a)** Fertige eine Skizze eines rechtwinkligen Dreiecks ABC mit γ = 90° auf einem Blatt Papier an! Begründe mit Hilfe dieser Skizze und in eigenen Worten, wieso man den Flächeninhalt eines solchen rechtwinkligen Dreiecks mit $A = \frac{a \cdot b}{2}$ berechnen kann! ____________

b) Von einem rechtwinkligen Dreieck (γ = 90°) kennt man die Seitenlänge a = 4,5 cm und den Flächeninhalt A = 14,4 cm². Berechne die Länge der Seite b! b = ______

I 3 H 4 **20** **a)** Konstruiere das gleichschenklige Trapez ABCD mit a = 9,6 cm, b = d = 5,3 cm und e = f = 8,7 cm auf einem Blatt Papier! Gib die Größen der Innenwinkel an und kontrolliere die Winkelsumme!

$\alpha \approx$ ___, $\beta \approx$ ___, $\gamma \approx$ ___, $\delta \approx$ ___; Winkelsumme = ___

b) Begründe, dass das gleichschenklige Trapez einen Umkreis besitzt!

c) Konstruiere den Umkreis des Trapezes und gib seinen Radius r an! r $\approx$ ___

I 3 H 3 **21** Ein gerades Prisma hat als Grundfläche ein Quadrat mit der Seitenlänge a = 2 cm. Die Prismenhöhe h beträgt 3 cm. In der Figur rechts ist eine Schnittfläche des Prismas eingezeichnet. Um welche Figur handelt es sich dabei?

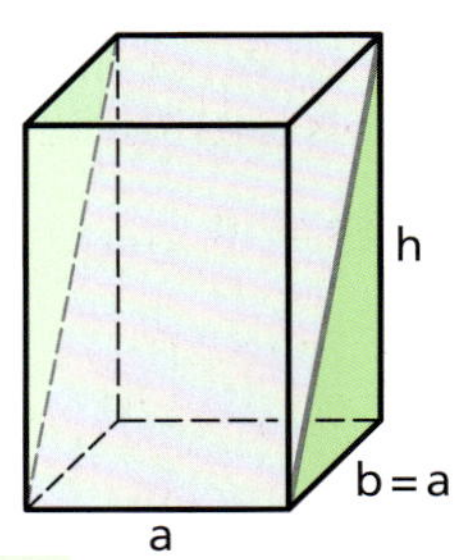

____

Berechne die Oberfläche und das Volumen des Prismas! O = ______, V = ______

Bildnachweis:
©Hansjörg Scheffauer – Fotolia.com: Seite 6; Martina Draper: Seite 11; ©Reinhard Marscha – Fotolia.com: Seite 15; ©Jeanette Dietl - Fotolia.com: Seite 17; ©CandyBox Images – iStockphoto.com: Seite 26; ©beatuerk – Fotolia.com: Seite 45